改訂版

テスト前に まとめるノート 中学地理

Geography

Gakken

JN041994

この本を使うみなさんへ

　勉強以外にも，部活や習い事で忙しい毎日を過ごす中学生のみなさんを，少しでもサポートできたらと考え，この**「テスト前にまとめるノート」**は構成されています。

　この本の目的は，大きく2つあります。
　1つ目は，みなさんが効率よくテスト勉強ができるようにサポートし，テストの点数をアップさせることです。

　そのために，テストに出やすい大事な用語だけが空欄になっていて，直接書き込んで地理の重要点を定着させていきます。それ以外は，整理された内容を読んでいけばOKです。地図やグラフの目のつけどころや，間違えやすいポイントを吹き出しで示してあるので，テスト対策は万全です。

　2つ目は，毎日の授業やテスト前など，日常的にノートを書くことが多いみなさんに，「ノートをわかりやすくまとめられる力」をいっしょに身につけてもらうことです。

　ノートをまとめる時，次のような悩みを持ったことがありませんか？
　☑　ノートを書くのが苦手だ
　☑　自分のノートはなんとなくごちゃごちゃして見える
　☑　テスト前にまとめノートをつくるが，時間がかかって大変
　☑　最初は気合を入れて書き始めるが，途中で力つきる

　この本は，**中学校で習う地理の内容を，「きれいでわかりやすいノート」にまとめ**たものです。この本を自分で作るまとめノートの代わりにしたり，自分のノートをとる時にまとめ方をマネしたりしてみてください。

　今，勉強を頑張ることは，現在の成績や進学はもちろん，高校生や大学生，大人になってからの自分を，きっと助けてくれます。みなさんの未来の可能性が広がっていくことを心から願っています。

学研プラス

もくじ

第1章
世界の姿

第2章
日本の姿

第3章
人々の生活と環境

第4章
世界の諸地域

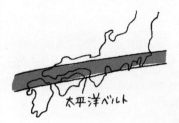

太平洋ベルト

第5章
日本の地域的特色

ビニールハウス

第6章
日本の諸地域

愛媛県のみかん栽培

瀬戸内海

空気がおいしい〜

この本の使い方

この本の，具体的な活用方法を紹介(しょうかい)します。

1 | 定期テスト前にまとめる

まずは この本を読みながら，**大事な用語を書き込んでいきましょう。**

方法1 教科書 を見ながら，空欄(くうらん)になっている＿＿＿＿に，用語を埋めていきます。余裕(よゆう)のある時におすすめ。授業を思い出しながら，やってみましょう。

方法2 別冊解答 を見ながら，まず，空欄＿＿＿＿を埋めて完成させましょう。時間がない時におすすめ。大事な用語にまず注目できて，その後すぐに暗記態勢に入れます。

次に ノートを読んでいきましょう。**教科書の内容が整理されているの**で，地理の要点が頭に入っていきます。

最後に 「確認テスト」を解いてみましょう。テストに出やすい内容をしっかりおさえられます。

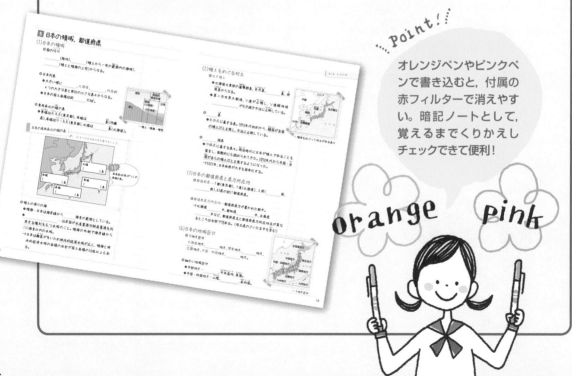

...Point!

オレンジペンやピンクペンで書き込むと，付属の赤フィルターで消えやすい。暗記ノートとして，覚えるまでくりかえしチェックできて便利！

orange   pink

2 | 予習にもぴったり

　授業の前日などに，この本で流れを追っ
ておくのがおすすめです。教科書を全部
読むのは大変ですが，このノートをさっ
と読んでいくだけで，授業の理解がぐっ
と深まります。

3 | 復習にも使える

　学校の授業で習ったことをおさらいし
ながら，ノートの空欄を埋めていきましょ
う。先生が強調していたことを思い出し
たら，色ペンなどで目立つようにしてみて
もいいでしょう。
　また先生の話で印象に残ったことを，
このノートの右側のあいているところに
追加で書き込むなどして，自分なりにア
レンジすることもおすすめです。

次のページからは，ノート作りのコツについて紹介しているので，
あわせて読んでみましょう。

きれい！ 見やすい！ 頭に入る！
ノート作りのコツ

普段ノートを書く時に知っておくと役立つ,「ノート作りのコツ」を紹介します。どれも簡単にできるので, 気に入ったものは自分のノートに取り入れてみてくださいね！

コツ 1　色を上手に取り入れる

Point!　最初に色のルールを決める。

シンプル派→3色くらい
例) 基本色→**黒**
　　重要用語→赤
　　強調したい文章→**蛍光ペン**

カラフル派→5〜7色くらい
例) 基本色→**黒**
　　重要用語→**オレンジ**（赤フィルターで消える色＝暗記用）, 赤, 青, 緑
　　人名は青, 地名は緑, その他は赤など, 種類で分けてもOK！

　　強調したい文章→**黄色の蛍光ペン**
　　囲みや背景などに→**その他の蛍光ペン**

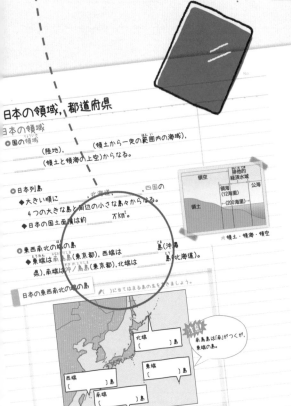

日本の領域, 都道府県

日本の領域
◉国の領域
　（陸地）, 　　　　（領土から一定の範囲内の海域）,
　　　　（領土と領海の上空）からなる。

◉日本列島
　◆大きい順に　　　　, 北海道, 　　　　, 四国の
　　4つの大きな島と周辺の小さな島々からなる。
　◆日本の国土面積は約　　　万km²。

◉東西南北の端の島
　◆東端は南鳥島(東京都), 西端は　　　　島(沖縄
　　県), 南端は沖ノ鳥島(東京都), 北端は　　　　島(北海道)。

日本の東西南北の端の島
（　）に当てはまる島の名を書きましょう。

北端　　　）島
西端　　　）島
東端　　　）島
南端　　　）島

→赤い島は「南がつくが, 東端の島。

◉領土の周りの海
　◆領海…日本は海岸線から　　　　海里の範囲としている。
　　　　　…沿岸国が水産資源や鉱産資源を利用する権利をもつ水域のこと。領海の外側で海岸線から200海里以内の水域。
　　→日本は離島が多いため排他的経済水域が広く, 領海と排他的経済水域の面積の合計が国土面積の10倍以上もある。

→領土・領海・領空
領空
領海　排他的経済水域
（12海里）　（200海里）　公海
領土

(2)領土をめぐる対立
◉北方領土
　◆北海道北東部の歯舞群島, 色丹島, 　　　島, 択捉島からなる。
　◆第二次世界大戦後, ソ連が占領し, ソ連解体後も　　　　が引き続き不法に占拠している。

◉　　　島
　◆島根県に属する島。1950年代初めから, 韓国が自国の領土だと主張し, 不法に占拠している。

◉　　　諸島
　◆沖縄県に属する島々。明治時代に日本が領土であることを宣言し, 国際的にも認められてきた。1970年代から中国や台湾が自らの領土だと主張するようになった。
　　→2012年, 日本政府が大半を国有化する。

→領土をめぐって対立がある

(3)日本の都道府県と県庁所在地
◉都道府県…1都(東京都), 1道(北海道), 2府(　　　府, 　　　府), 43県の計47都道府県。

◉都道府県庁所在地…都道府県庁が置かれた都市。
　→北海道　　　市, 愛知県　　　市, 兵庫県　　　市など, 都道府県名と都道府県所在地名が異なるところは全部で18ある。(埼玉県のさいたま市を含む)

(4)日本の地域区分
◉7地方区分
　北海道地方, 　　　地方, 関東地方, 　　　地方,
　近畿地方, 中国・四国地方, 　　　地方。

→7地方区分

◉細かい地域区分
　◆中部地方…　　　, 中央高地, 東海。
　◆中国・四国地方…山陰, 　　　, 南四国。

コツ 2 空間をとって書く

\ Point /
「多いかな？」と思うくらい，余裕を持っておく。

ノートの右から4〜5cmに区切り線を引きます。教科書の内容は左側（広いほう）に，その他の役立つ情報は右側（狭いほう）に，分けるとまとめやすくなります。

- 図や写真，イラスト，その他補足情報
- 授業中の先生の話で印象に残ったこと，出来事の背景・理由など，書きとめておきたい情報は右へどんどん書き込みましょう。

また，文章はなるべく短めに書きましょう。途中の接続詞などもなるべくはぶいて，「→」でつないでいくなどすると，すっきりでき，流れも頭に入っていきます。

行と行の間を，積極的に空けておくのもポイントです。後で読み返す時にとても見やすく，わかりやすく感じられます。追加で書き込みたい情報があった時にも，ごちゃごちゃせずに，いつでもつけ足せます。

コツ 3 イメージを活用する

\ Point /
時間をかけず，手がきとコピーを使い分けよう。

自分の頭の中でえがいたイメージを，簡単な図やイラストにしてみると，記憶に残ります。時間をかけないのがポイント。とにかく簡単なものでOK。時間がかかると，絵をかいて終わってしまうので注意。

教科書の地図や図解などを，そのままコピーして貼るのも効率的。ノートに貼って，そこから読み取れることを追加で書き足すと，わかりやすい，自分だけのオリジナル参考書になっていきます。

その他のコツ

❶レイアウトを整える…
階層を意識して，頭の文字を1字ずつずらしていくと，見やすくなります。また，見出しは一回り大きめに，もしくは色をつけるなどすると，メリハリがついてきれいに見えます。

❷インデックスをつける…
ノートはなるべく2ページ単位でまとめ，またインデックスをつけておくと，後で見直ししやすいです。教科書の単元や項目と合わせておくと，テスト勉強がさらに効率よくできます。

❸かわいい表紙で，持っていてうれしいノートに！…
文字をカラフルにしたり，絵を書いたり，シールを貼ったりと，表紙をかわいくアレンジするのも楽しいでしょう。

1 地球の姿，世界のさまざまな国々

(1)地球の姿

◎陸地と海洋…地球の表面は陸地と海洋からなり，

表面積の割合は，陸地＿＿＿：海洋＿＿＿で，

海洋のほうが広い。

> 太平洋の面積は，すべての陸地を合わせた面積よりも広い。

◆陸地…ユーラシア大陸・＿＿＿＿大陸・北アメリカ大

陸・南アメリカ大陸・＿＿＿＿大陸・南極大陸

の六大陸と，その他の島々からなる。

> **注意!**
> 太平洋を大平洋と書かないように！
> 〇太平洋
> ×大平洋

◆海洋…太平洋・＿＿＿＿・インド洋の三大洋と，日本海・

地中海・東シナ海などの小さな海からなる。

六大陸と三大洋

✎〔　〕に当てはまる大陸の名を書きましょう。

〔　　　　　〕大陸

いちばん大きい大陸

北アメリカ大陸

大西洋

太平洋

アフリカ大陸

インド洋

オーストラリア大陸

南極大陸

いちばん大きい海洋

〔　　　　　〕大陸

◎世界の地域区分…6つの州に分けられ，190余りの国がある。

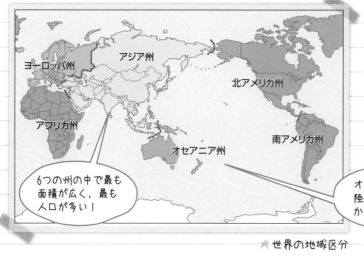

ヨーロッパ州

アジア州

北アメリカ州

アフリカ州

オセアニア州

南アメリカ州

> 6つの州の中で最も面積が広く，最も人口が多い！

> オーストラリア大陸と太平洋の島々からなる。

★世界の地域区分

(2) 世界のさまざまな国々

◎ 島国(海洋国)と内陸国

◆ 島国…周囲を海に囲まれている国。

→日本・ニュージーランド・フィリピンなど。

◆ 内陸国…海に全く面していない国。

→モンゴル・ラオス・スイス・ボリビアなど。

◎ さまざまな国境…国と国との境を　　　　　　という。

◆ 自然の地形を利用した国境線…山脈や川,湖など。

◆ 緯線・経線を利用した国境線…直線的な国境となっていて,アフリカ州に多くみられる。

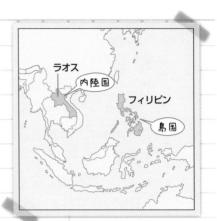

★ 島国と内陸国

世界の国々の面積と人口

 ✎〔　〕に当てはまる国の名を書きましょう。

(ともに2020/21年版「世界国勢図会」)

順位	国名	面積(万km²)
1位	〔　　　　　　〕	1709.8
2位	〔　　　　　　〕	998.5
3位	アメリカ合衆国	983.4
4位	中国	960.0
5位	ブラジル	851.6
⋮	⋮	⋮
最小	〔　　　　　　〕	0.00004

▲主な国の面積 (2018年)

順位	国名	人口(万人)
1位	〔　　　　　　〕	14億3932
2位	〔　　　　　　〕	13億8000
3位	アメリカ合衆国	3億3100
4位	インドネシア	2億7352
5位	パキスタン	2億2089
⋮	⋮	⋮
最少	バチカン市国	0.08

▲主な国の人口 (2020年)

人口が多い国は,アジアに多い。

約46億人！

アジア

◎ 国名の由来

◆ 人名・民族名に由来
コロンビア…探検家コロンブスに由来。

◆ 自然に由来
　　　　　　…「大河」という意味のインダス川の古名から。

◆ 位置などに由来

赤道
エクアドル
南アメリカ大陸

…スペイン語で「赤道」の意味。

◎ 国旗からもいろいろわかる！

◆ イギリスの植民地だった国は,一部にイギリスの国旗をデザイン！

イギリス　　　　　　オーストラリア

◆ イスラム教徒が多い国は,イスラム教の象徴である三日月と星をデザイン！

マレーシア　　　　　パキスタン

2 緯度と経度，気温と季節の違い

(1)緯度と経度

◎緯度と緯線

◆_____…赤道を0度として，南北をそれぞ
れ90度に分けたもの。

→赤道より北は北緯○○度，南は南緯○○度
で表す。

◆_____…同じ緯度の地点を結んだ線。赤道
と平行に引かれている。

◎経度と経線

◆_____…本初子午線を0度として，東西をそれぞれ180度
に分けたもの。

→本初子午線より東は東経○○度，西は西経○○度で表す。

◆_____…同じ経度の地点を結んだ線。北極点と南極点を結ぶ。

★赤道と本初子午線はどこを通る？

緯度と経度のしくみ

✎〔 〕に当てはまる語句を書きましょう。

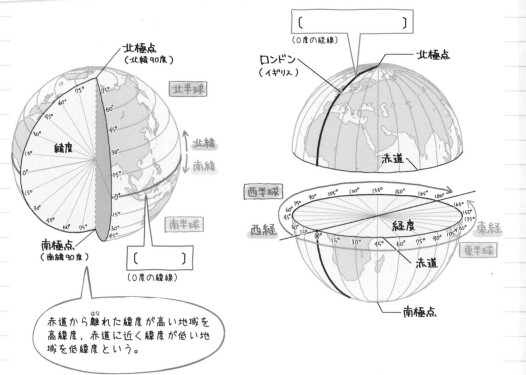

赤道から離れた緯度が高い地域を
高緯度，赤道に近く緯度が低い地
域を低緯度という。

(2)気温の差

●気温の違い

◆北極と南極に近づくほど(高緯度にいくほど)，気温は
＿＿＿＿＿＿なる。

北極ヌ
赤道
南極ヌ

●なぜ，気温差ができるのか？

◆地球上の場所によって，太陽光の当たる角度が違う。

↓

◆太陽から受け取るエネルギーの量に差ができ，赤道付近で
大きく，北極や南極で小さくなる。

↓

◆北極・南極付近は赤道付近に比べて気温が＿＿＿＿＿なる。

広い範囲を暖める

太陽の光

狭い範囲を暖める

赤道

★ 気温差ができるしくみ

(3)季節の違い

●北半球と南半球は，季節が逆になる。

→北半球が夏のとき，南半球は＿＿＿＿になる。

> 用語 地軸とは？
> 地球の中心を通って，北極点と南極点を結ぶ線で，地球の回転軸。約23.4度傾いている。

●なぜ，季節の違いが生まれるのか？

◆地球は地軸が傾いたまま太陽の周りを回る。

↓

◆場所と時期によって太陽の光の当たり方が異なり，季節の
違いができる。

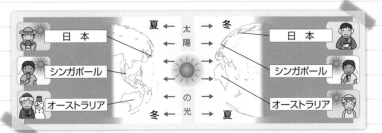

夏 ← 太陽 → 冬
日本　　　　　　日本
シンガポール　　シンガポール
オーストラリア　オーストラリア
冬 ← の光 → 夏

★ 季節の違いができるしくみ

地軸
北極点
約23.4度

南極点

★ 地軸の傾き

3 地球儀とさまざまな世界地図

(1) 地球儀

◎ _____ …地球をそのままの形で縮小した模型。

地球儀

面積·形·距離·方位·角度などが正しい!

→面積・形・距離・方位・角度などを，同時に正しく表すことができる。

◎ 地球儀を使った距離と方位の調べ方

◆ _____ の調べ方

北極点と南極点を結んだ紙テープを20等分して目盛りを入れる。北極点と南極点の間の距離は約2万kmなので，1目盛りは約1000kmとなる。調べたい2地点にこのテープを当てて，目盛りを読み取る。

10目盛りなら，2地点間の距離は1000×10を計算して約10000km。

◆ _____ の調べ方

直角にはり合わせた2本の紙テープの交わったところを，調べたい地点(基点)に置く。1本のテープを経線に合わせると，もう1本のテープの右は基点から東，左は西を示す。

基点から見てテープの右が東，左が西。

(2) さまざまな世界地図

◎ _____ …地球の姿を平面上に表したもの。

→面積・形・距離・方位などを一度に正しく表すことができないので，目的に応じてさまざまな地図を使い分ける。

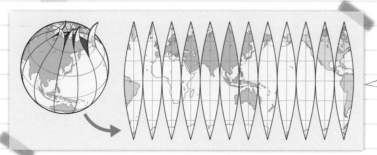

地球儀を切り開いて世界地図にしようとすると，地図がちぎれてしまう。

★地球儀を切り開くと…

◉緯線と経線が　　　　　　に交わる地図（メルカトル図法）

角度が正しい。

高緯度ほど実際の面積より拡大され，方位も正しくない。

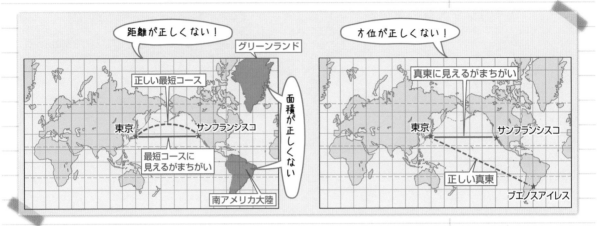

◉中心からの　　　　　　と方位が正しい地図（正距方位図法）

中心以外の地点からの距離と方位は正しくない。

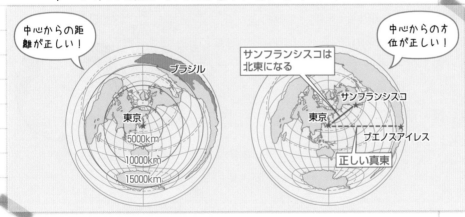

◉　　　　　　が正しい地図（モルワイデ図法）

距離と方位は正しくない。

赤道から離れるほど，陸地の形がゆがむ。

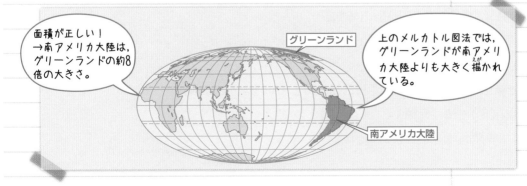

4 日本の位置，世界との時差

(1)地球上の日本の位置

⦿日本の位置

◆＿＿＿＿＿洋の北西部，
ユーラシア大陸の東にある。

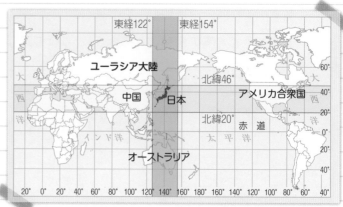

★日本と緯度・経度が同じ地域

⦿日本の緯度と経度

◆緯度…およそ　　　20
度から46度の範囲。

◆経度…およそ
122度から154度の範囲。

(2)ほかの国々との位置関係

◆日本と同緯度の国…アメリカ合衆国や中国，ヨーロッパ
部やアフリカ北部の国々など。

◆日本と同経度の国…南半球の　　　　　　　　　　など。

◆日本から近い国…ユーラシア大陸の　　　　・ロシアや，朝
鮮半島の　　　　　・北朝鮮など。

◆日本から遠い国…南アメリカ大陸の　　　　　　　やアルゼン
チンは，地球上で日本の反対側にある。

日本

ブラジル

(3)世界との時差

⦿標準時

◆国や地域の基準となっている時刻を　　　　　　といい，各
地の標準時のずれを時差という。

◆日本の標準時…兵庫県　　　　市を通る東経　　　度
の経線(標準時子午線)上の時刻。

⦿時差の求め方

◆地球は1日(24時間)で1回転(360度)している。そのため，
360 (度)÷24 (時間)＝　　　(度)で，経度　　　度ごと
に1時間の時差が生まれる。

◆日本とイギリスのロンドンとの時差

①2都市間の経度差を求める

日本の標準時子午線は東経135度で, イギリスのロンドンは経度0度なので, 経度差は＿＿＿＿度。

②経度差から, 時差を計算する

経度15度で1時間の時差が生まれるから, 135(度)÷15(度)＝＿＿＿で, 時差は＿＿＿時間となる。

◆日本とアメリカ合衆国のニューヨークとの時差

①2都市間の経度差を求める

ニューヨークは西経75度の経線を標準時子午線としているので, 日本との経度差は75(度)＋135(度)＝＿＿＿＿(度)。

②経度差から, 時差を計算する

210(度)÷15(度)＝＿＿＿で, 時差は＿＿＿時間となる。

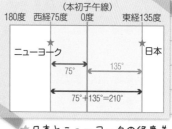

★日本とニューヨークの経度差

◯日付変更線

◆ほぼ＿＿＿＿度の経線に沿って引かれている。

◆この線を西から東に越えるときは, 日付を1日遅らせ, 東から西に越えるときは日付を1日進める。

注意!

西半球にある国(都市)と東半球にある国(都市)との経度差は, それぞれの経度を足して求める。

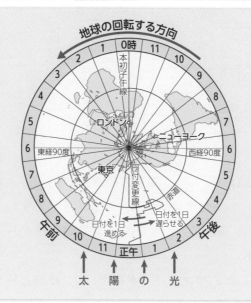

★世界各地の時刻と位置の関係

5 日本の領域，都道府県

(1)日本の領域

◎ 国の領域

_____(陸地)， _____(領土から一定の範囲内の海域)，

_____(領土と領海の上空)からなる。

◎ 日本列島

◆ 大きい順に_____，北海道，_____，四国の

4つの大きな島と周辺の小さな島々からなる。

◆ 日本の国土面積は約_____万km²。

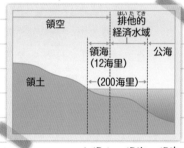

★領土・領海・領空

◎ 東西南北の端の島

◆ 東端は南鳥島(東京都)，西端は_____島(沖縄

県)，南端は沖ノ鳥島(東京都)，北端は_____島(北海道)。

日本の東西南北の端の島

✐〔 〕に当てはまる島の名を書きましょう。

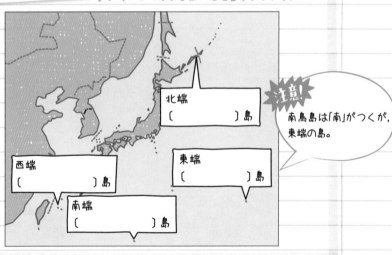

北端
〔 〕島

注意!
南鳥島は「南」がつくが，
東端の島。

西端
〔 〕島

東端
〔 〕島

南端
〔 〕島

◎ 領土の周りの海

◆ 領海…日本は海岸線から_____海里の範囲としている。

◆ _____…沿岸国が水産資源や鉱産資源を利

用する権利をもつ水域のこと。領海の外側で海岸線から

200海里以内の水域。

→日本は離島が多いため排他的経済水域が広く，領海と排

他的経済水域の面積の合計が国土面積の10倍以上もあ

る。

(2)領土をめぐる対立

● 北方領土

◆ 北海道北東部の歯舞群島, 色丹島, ＿＿＿＿島, 択
捉島からなる。

◆ 第二次世界大戦後, ソ連が占領し, ソ連解体後
＿＿＿＿が引き続き不法に占拠している。

● ＿＿＿＿島

◆ 島根県に属する島。1950年代初めから, 韓国が自国
の領土だと主張し, 不法に占拠している。

● ＿＿＿＿諸島

◆ 沖縄県に属する島々。明治時代に日本が領土であることを
宣言し, 国際的にも認められてきた。1970年代から中国・台
湾が自らの領土だと主張するようになった。

→ 2012年, 日本政府が大半を国有化する。

★ 領有をめぐって対立がある島々

(3)日本の都道府県と県庁所在地

● 都道府県…1都(東京都), 1道(北海道), 2府(＿＿＿＿府,
＿＿＿＿府),43県の計47都道府県。

● 都道府県庁所在地…都道府県庁が置かれた都市。

→ 北海道＿＿＿＿市, 愛知県＿＿＿＿市, 兵庫県
＿＿＿＿市など, 都道府県名と都道府県庁所在地名が異な
るところは全部で18ある。(埼玉県のさいたま市を含む)

(4)日本の地域区分

● 7地方区分

北海道地方, ＿＿＿＿地方, 関東地方, ＿＿＿＿地方,
近畿地方, 中国・四国地方, ＿＿＿＿地方。

● 細かい地域区分

◆ 中部地方…＿＿＿＿, 中央高地, 東海。

◆ 中国・四国地方…山陰, ＿＿＿＿, 南四国。

★ 7地方区分

確認テスト①

1 右の地図を見て，次の問いに答えなさい。 ＜6点×5＞

(1) 地図中の**ア～ウ**から，赤道を選び，記号で答えなさい。

〔　　　　　〕

(2) 地図中の**X**の地点の緯度と経度を，北緯または南緯，東経または西経を用いて表しなさい。

〔　　　　　　　　　　　　　　　　〕

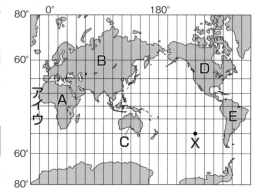

(3) 次の①～③の文が述べている大陸を地図中の**A～E**から１つずつ選び，記号で答えなさい。

① 六大陸のうち，面積が最も大きい。世界で最も人口が多い国と２番目に多い国があるいっぽうで，人口が最も少ない国もある。

② 面積が世界で２番目に大きい国と３番目に大きい国がある。この大陸にあるすべての国が海に面している。

③ ほとんどの国がヨーロッパ諸国の植民地支配を受けた。その際，民族の分布を無視した直線的な境界が引かれたことが，現在の民族対立の背景の一つとなっている。

①〔　　　　〕 ②〔　　　　〕 ③〔　　　　〕

2 右の地図を見て，次の問いに答えなさい。 ＜6点×3＞

(1) 右の地図について正しく述べている文を，次の**ア～エ**から１つ選び，記号で答えなさい。

　ア 中心からの距離と方位が正しい。
　イ 緯線と経線が直角に交わる。
　ウ 面積が正しく表されている。
　エ 面積・形・距離・方位などを，正確に表している。

〔　　　　　〕

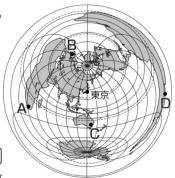

（重要）(2) 東京から真東に向かった場合，最初にたどり着く大陸は何大陸ですか。

〔　　　　　　　〕

（重要）(3) 東京から最も遠い地点を，地図中の**A～D**から１つ選び，記号で答えなさい。

〔　　　　　〕

3 右の地図を見て，次の問いに答えなさい。 　　　　　　　　　　　　　　　　　　　＜6点×4＞

(1) 日本と緯度と経度が，それぞれほぼ同
　　じ国を次の**ア**〜**エ**から1つずつ選び，記
　　号で答えなさい。

　　ア ドイツ　　　**イ** イタリア
　　ウ ブラジル　　**エ** オーストラリア
　　　　緯度〔　　　　〕経度〔　　　　　〕

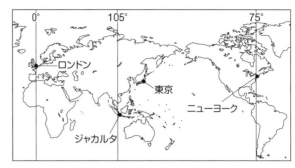

重要(2) 地図中のジャカルタは，東経105度の
　　経線上の時刻が標準時です。地図中のロンドンとの時差は何時間ですか。次の**ア**〜**エ**から1
　　つ選び，記号で答えなさい。

　　ア 3時間　　**イ** 5時間　　**ウ** 7時間　　**エ** 9時間　　　　　　　〔　　　　〕

(3) 地図中のニューヨークは，西経75度の経線上の時刻が標準時です。日本が4月10日午後
　　3時のときのニューヨークの日時を，次の**ア**〜**エ**から1つ選び，記号で答えなさい。

　　ア 4月9日午後6時　　　　**イ** 4月10日午前1時
　　ウ 4月10日午前9時　　　**エ** 4月11日午前5時　　　　　　　　　〔　　　　〕

4 右の図を見て，次の問いに答えなさい。 　　　　　　　　＜(1)は各5点，その他6点×3＞

(1) **図1**は国の領域を示しています。図中の**A**と**B**のことをそ
　　れぞれ何といいますか。

　　A〔　　　　　　　　　　　　〕B〔　　　　　　　　　　　　〕

図1

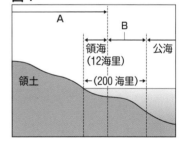

(2) 日本の領土について述べた文として正しいものを，次の**ア**
　　〜**エ**から1つ選び，記号で答えなさい。
　　ア 日本の北端の島は与那国島である。
　　イ 北方領土と呼ばれる島々は，現在，韓国が不法に占
　　　　拠している。
　　ウ 日本の領土の西端は東経132度である。
　　エ 日本の南端の島は沖ノ鳥島である。

　　　　　　　　　　　　　　　　　　　〔　　　　〕

図2

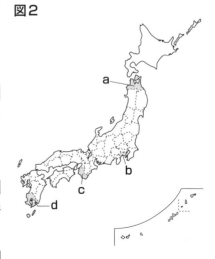

(3) 次の文に当てはまる都道府県を，右の**図2**中の**a**〜**d**
　　から1つずつ選び，記号で答えなさい。
　　① 近畿地方に属する都道府県。

　　　　　　　　　　　　　　　　　〔　　　　〕

　　② 都道府県名と都道府県庁所在地名が異なる都道府
　　　県。

　　　　　　　　　　　　　　　　　〔　　　　〕

6 世界各地の人々の生活と環境

(1)暑い地域に暮らす人々

◎太平洋の島々の暮らし(サモア)

◆自然…熱帯に属し,海岸に_____が広が

る。周りの浅い海にはさんご礁。

◆伝統的な住居…壁がなく,風通しがよい。

◆食事…タロいもやココやし,バナナを使った料理。

サモアの主食タロいも
バナナの葉などで包み,蒸し焼きにしたり,にたりして食べる。

(Cynet Photo)

◎赤道周辺の暮らし(インドネシアやマレーシア)

◆自然…熱帯。スコールが降る。

_____が広がる。

◆伝統的な住居…湿気を防ぐための

_____の住居がみられる。

◆食事…熱帯性作物の_____が主食。

地面から床を離すことで,湿気や熱がこもらないようにする。

(ピクスタ)

(2)乾燥した地域に暮らす人々

◎サヘル(サハラ砂漠の南側)やアラビア半島の暮らし

◆住居…降水量が少なく,草木がほとんど育たない乾燥帯

→土を原料にした_____の住居がみられる。

◆生活…乾燥に強いひえ・もろこしなどの焼畑農業や,

やぎ・らくだ・羊などの遊牧。オアシスでかんがい農業。

(ピクスタ)

◎草原の暮らし(モンゴル)

◆生活…木々が育たず,農作物の栽培に不向き。

→羊・馬・やぎ・牛の遊牧生活を行う人々が

住む。しぼった乳で乳製品をつくる。

◆住居…_____と呼ばれる,移動しやすい組

み立て式の住居がみられる。

壁や天井には,羊毛からつくったフェルトが使われている。

(ピクスタ)

(3)温暖な地域に暮らす人々

◎スペインやイタリアの暮らし

◆住居…夏の強い日ざしを防ぐための,窓が小さく壁が厚

い石の住居。壁を白く塗って日ざしをはね返す。

◆生活…乾燥する夏に適したオリーブやぶどうを栽培。

→オリーブからオイル,ぶどうから_____。

(Cynet Photo)

(4) 寒い地域に暮らす人々

◉ 寒暖の差が大きい地域の暮らし(シベリア)

◆ 自然…冷帯(亜寒帯)に属し、　　　　　　　(針葉樹林)が広

がる。永久凍土の地域もある。

◆ 住居…窓を二重・三重にした壁の厚い住居で、冬の寒さ

をしのぐ。

◆ 衣服…トナカイや馬などの毛皮でできた保温性が

高いコート・ブーツ・帽子を着用。

(Cynet Photo)

建物からの熱で永久
凍土が解けて、建物
が傾かないように、高
床になっている住居。

◉ 北極圏の暮らし(カナダ北部)

◆ 自然…寒帯に属し、雪と氷に覆われる。

◆ 生活…先住民のイヌイットは伝統的なあざらし・カリ

ブー(トナカイ)猟や漁業を行ってきた。

◆ 住居…冬は雪をれんが状にして

積み上げた　　　　　　、夏は

あざらしの皮や流木を使ったテン

ト。

◆ 衣服…　　　　　　やカリブー

(トナカイ)の毛皮でつくった暖か

い衣服を着て、寒さをしのぐ。

近年、イヌイットの生活
は近代化しており、電
気や暖房のある住居に
住み、移動にはスノー
モービルを利用。

(Cynet Photo)

(5) 高地に暮らす人々

◉ アンデス高地の暮らし(ペルー・ボリビア)

◆ 自然…高山気候。赤道に近いが標高が高いため、涼しい。

年間の気温差は小さいが、昼と夜の気温差は大きい。

◆ 生活…主食はじゃがいも。標高に合わせて栽培する農作物

を変える。標高が高い場所ではリャマやアルパカを放牧。

→　　　　　　の毛を利用したポンチョと呼ばれる衣服

を着用。　　　　　　は主に輸送に利用する。

アルパカ　　リャマより小型　→　毛を利用してポンチョをつくる　リャマ　運搬に利用

23

7 世界の気候

(1)世界の気候

◉気候帯…世界の気候は熱帯, 乾燥帯, _____ , 冷帯(亜寒

帯), 寒帯の5つの気候帯に大きく分けることができる。

→気温や降水量の変化により, さらに細かい気候区に区分。

◉気候帯の分布…赤道周辺に _____ , 緯度が高くなるにつれ

て温帯から冷帯, 北極や南極付近は _____ が広がる。

> 乾燥帯は緯度が20〜30度付近や内陸部に広がる。

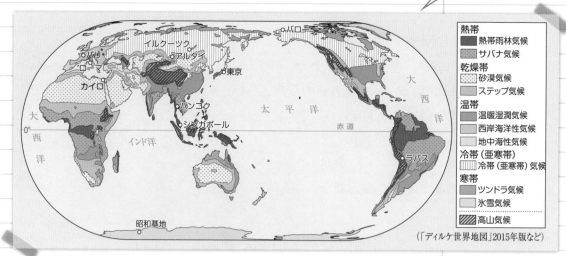

凡例:
熱帯
- 熱帯雨林気候
- サバナ気候

乾燥帯
- 砂漠気候
- ステップ気候

温帯
- 温暖湿潤気候
- 西岸海洋性気候
- 地中海性気候

冷帯(亜寒帯)気候
- 冷帯(亜寒帯)気候

寒帯
- ツンドラ気候
- 氷雪気候

- 高山気候

(「ディルケ世界地図」2015年版など)

★世界の気候区

(2)各気候帯と気候区の特徴

◉熱帯…一年中高温。

◆ _____ 気候…一年中降水量が多い。熱

帯雨林(熱帯林)が広がる。

◆ _____ 気候…雨季と乾季がはっきり分か

れる。樹木がまばらに生えた, 長い草の草原(サ

バナ)が広がる。

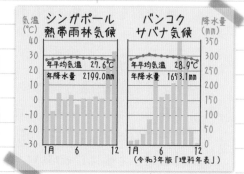

シンガポール 熱帯雨林気候　年平均気温 27.6℃　年降水量 2199.0mm
バンコク サバナ気候　年平均気温 28.9℃　年降水量 1653.1mm
(令和3年版「理科年表」)

◉乾燥帯

◆ _____ 気候…降水量がほとんどなく, 砂や

岩の砂漠が広がる。

◆ _____ 気候…やや降水量があり, 短い

草の草原(ステップ)が広がる。

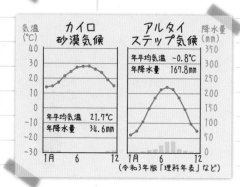

カイロ 砂漠気候　年平均気温 21.7℃　年降水量 34.6mm
アルタイ ステップ気候　年平均気温 -0.8℃　年降水量 167.8mm
(令和3年版「理科年表」など)

◎温帯…温暖。四季の変化がはっきりしている。

◆温暖湿潤気候…1年を通して降水量が　　　　く，夏と冬の気温差が大きい。

◆西岸海洋性気候…　　　　風と暖流の北大西洋海流の影響で，冬も高緯度のわりに温暖。1年を通して平均した降水量がある。

◆地中海性気候…夏は　　　　し，冬は雨が比較的多い。冬でも温暖。

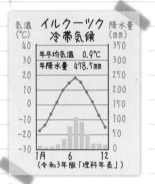

| 気温(℃) | 東京 温暖湿潤気候 | パリ 西岸海洋性気候 | ローマ 地中海性気候 | 降水量(mm) |

年平均気温 15.4℃
年降水量 1528.8mm
年平均気温 11.1℃
年降水量 652.8mm
年平均気温 15.6℃
年降水量 706.6mm

(令和3年版「理科年表」など)

◎　　　　　帯

◆　　　　　帯気候…冬の寒さがとても厳しく，夏は短い。夏と冬の気温差が大きい。　　　　と呼ばれる針葉樹林が広がる。

→北半球だけにみられる気候帯。

イルクーツク 冷帯気候
年平均気温 0.9℃
年降水量 478.5mm
(令和3年版「理科年表」)

◎寒帯…厳しい寒さで樹木が育たない。

◆　　　　　気候…1年を通じて低温だが，夏の間だけは地表の氷が解けて，草やこけ類が少し生える。

◆　　　　　気候…1年を通じて低温で，氷と雪に覆われる。

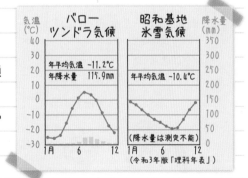

| 気温(℃) | バロー ツンドラ気候 | 昭和基地 氷雪気候 | 降水量(mm) |

年平均気温 -11.2℃
年降水量 115.9mm
年平均気温 -10.4℃
(降水量は測定不能)

(令和3年版「理科年表」)

◎高山気候…標高が高い地域にみられ，周りの標高が低い地域に比べて気温が低い。昼と夜の気温差が大きく，年間の気温差は小さい。

標高が100m高くなるごとに，気温は約0.6度下がるとされている。

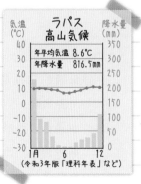

ラパス 高山気候
年平均気温 8.6℃
年降水量 816.5mm
(令和3年版「理科年表」など)

8 衣食住と世界の宗教

(1)世界の衣服

◉衣服の役割…寒さや暑さ,強い日ざしなどをしのぐ。

→気候の違いに合わせて,さまざまな素材や形の衣服が着用

されている。

> さまざまな衣服

◉乾燥した地域や暑い地域

がよい衣服。

(Cynet Photo)

> 木綿や麻などを素材とするゆったりとした衣服。

◉寒さが厳しい地域

動物の　　　　　　を素材とする衣服。

(Cynet Photo)

> 保温性が高い服や帽子,手袋などを着用。

(2)世界の食事

東アジアから東南アジアにかけての地域の主食。
→ごはん(炊く)・チャーハン(炒める)・めん類などにする。

ごはん

ヨーロッパをはじめとする世界の広い地域の主食。
→小麦粉にして,パン・パスタ・うどんなどに加工。

パスタ

中央アメリカ・南アメリカ・アフリカ東部・南部の主食。
→粉からトルティーヤやウガリをつくる。

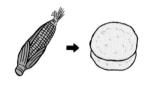

トルティーヤ

(3)世界の住居

◉伝統的な住居…地域ごとの気候や生活習慣に合わせた工夫

がみられ,入手しやすい材料を用いてつくられている。

◆暑くて雨が多い地域…湿気を防ぐ　　　　　の住居。

◆乾燥した地域…土からつくった　　　　　　　　の住居。

◆日ざしが強い地域…窓が小さく,壁が厚い住居。

◉現在の住居…コンクリート製住居や高層マンションが増加。

> モンゴルの遊牧民のように,組み立て式の住居で暮らす人々もいる。

(4) 世界の宗教と暮らし

◎ 三大宗教（世界宗教）

◆ _____

   ・起源…南アジアのインド。　　・教典…「経」。

   ・習慣…東南アジアのタイなどでは，托鉢が行われている。

◆ _____

   ・起源…西アジアのパレスチナ地方。

   ・教典…「聖書」。

   ・習慣…日曜日に教会へ礼拝に行く。

◆ _____

   ・起源…西アジアのアラビア半島。

   ・教典…「コーラン（クルアーン）」。

   ・習慣…1日5回，聖地メッカの方角に向かって祈りをささ

    げる。豚肉を食べず，お酒を飲まない。「ラマダーン」と

    呼ばれる断食月に，日中の断食をする。

> イスラム教のきまりを守った食品（ハラル）には，それを示すマークがつけられている。

礼拝中

ヨーロッパ，南北アメリカ，オセアニアなどに分布。

ユダヤ教

東南アジアから東アジアなどに分布。

北アフリカ，西アジア，東南アジアのインドネシア・マレーシアなどに分布。

〔　　　　　〕　　　　〔　　　　　〕　　　　　　その他
ヒンドゥー教　　仏教・儒教・神道などが重なる地域

★ 宗教の分布図

◎ 民族宗教…特定の民族に信仰されている宗教。

> ヒンドゥー教には，沐浴の習慣もある。

◆ _____ 教

主にインド人が信仰。牛を神聖なものとして食べない。

インド・ネパールなどに信者が多い。

◆ _____ 教

ユダヤ人が信仰。イスラエルはユダヤ教徒のユダヤ人が建

国。

聖なる川・ガンジス川につかり，身を清める。

◆ _____

日本人が信仰。自然崇拝などがもとになっている。

確認テスト②

/100

●目標時間：３０分　●100点満点　●答えは別冊 22 ページ

1 次の A 〜 C の文を読み，あとの問いに答えなさい。

<(5)(6)は各 9 点，その他 4 点× 12 >

A　一年のほとんどの期間が雪と氷に覆われている。先住民のイヌイットがあざらしやカリブーの狩りをしたり，漁業を行ったりして暮らしてきた。近年は生活の近代化が進む。

B　一年を通して気温が高く，スコールと呼ばれる激しい雨が連日のように降る。稲作がさかんで，米が主食となっている。

C　降水量が少なく，草木がほとんど育たない。水が得られる　　　　　の周辺でかんがい農業が行われているほか，ひえやもろこしなどの焼畑農業や，やぎなどの遊牧も行われている。

(1)　A 〜 C で述べた自然や暮らしがみられる地域を，右の地図中の**ア〜ウ**から 1 つずつ選び，記号で答えなさい。

A〔　　　〕 B〔　　　〕 C〔　　　〕

(2)　C の文中の　　　　に当てはまる語句を答えなさい。〔　　　　　　　〕

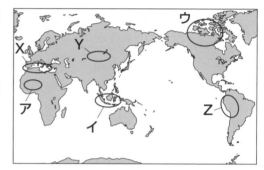

(3)　A 〜 C で述べた地域が属する気候帯を，次の**ア〜オ**から 1 つずつ選び，記号で答えなさい。
ア 熱帯　**イ** 乾燥帯　**ウ** 温帯　**エ** 冷帯(亜寒帯)　**オ** 寒帯

A〔　　　〕 B〔　　　〕 C〔　　　〕

重要(4)　A 〜 C で述べた地域でみられる伝統的な住居を，次の**ア〜ウ**から 1 つずつ選び，記号で答えなさい。

(ピクスタ)
ア

(Cynet Photo)
イ

(ピクスタ)
ウ

A〔　　　〕 B〔　　　〕 C〔　　　〕

重要(5)　右の雨温図は，上の地図中の **X** の地域にある都市のものです。この雨温図を参考に，**X** の地域の気候の特徴を，「夏」「冬」の語句を使って簡潔に説明しなさい。

〔　　　　　　　　　　　　　　　　　　　　　〕

気温(℃)　降水量(mm)
年平均気温 15.6℃
年降水量 706.6mm
1月　6　12
(令和3年版「理科年表」など)

(6) 右の写真は，地図中の **Y** の地域に暮らす遊牧民の住居です。この住居には，遊牧生活に適した工夫がみられます。その工夫を20字程度で答えなさい。

(ピクスタ)

[   ]

(7) 地図中の **Z** の地域には，アンデス高地で暮らす人々がいます。次の問いに答えなさい。

① アンデス高地で，毛が衣服や帽子の材料として利用されている家畜(かちく)を何といいますか。

[   ]

② アンデス高地の主食を，次の**ア～エ**から１つ選び，記号で答えなさい。

ア 米　　イ タロいも　　ウ 小麦　　エ じゃがいも

[   ]

2 右の地図を見て，次の問いに答えなさい。

<(3)②は10点，その他4点×6>

(1) 地図中の **A～C** の地域で信者が多い宗教を次の**ア～ウ**から１つずつ選び，記号で答えなさい。

ア 仏教　　　　イ キリスト教

ウ イスラム教

A[   ] B[   ] C[   ]

重要(2) イスラム教の習慣(しゅうかん)として当てはまるものを，次の**ア～エ**から２つ選び，記号で答えなさい。

ア 「聖書(せいしょ)」の教えを大切にしていて，日曜日には教会へ礼拝(れいはい)に行く。

イ 豚肉(ぶたにく)を食べず，お酒を飲まない。一定の期間，日中の断食(だんじき)をする。

ウ １日５回，聖地メッカの方角に向かって祈(いの)りをささげる。

エ 僧(そう)が人々の家を回って，炊(た)きたての米などのほどこしを受ける。

[   ][   ]

(3) 地図中の **X** の国について，次の問いに答えなさい。

① **X** の国で多くの人が信仰(しんこう)している宗教は何ですか。

[   ]

② 右の写真は，**X** の国でみられる光景です。写真を見ると，街中を牛が自由に歩いていることがわかります。その理由を，簡潔に説明しなさい。

[   ]

(Cynet Photo)

29

9 アジア州①

(1)アジアの自然と文化

◎アジアの地形

◆山地…中央部に,「世界の屋根」と呼ばれる
山脈やチベット高原がある。

◆河川…中国北部に黄河,中部に　　　　　。
ほかにもメコン川やインダス川などの大河。
→流域に平野が広がり,都市が発展。

★ アジア州の地域区分

アジアの地形

✎〔　〕に当てはまる地形の名を書きましょう。

アラビア半島には砂漠が広がる!

フィリピンとインドネシアには島が多い。

〔　　　　　〕

〔　　　　　〕山脈

〔　　　　　〕川

〔　　　　　〕川

◎アジアの気候

◆湿潤な地域…東アジア(一部)や東南アジア,南アジア。
(モンスーン)の影響を受け,雨が多い雨季と雨
が少ない乾季がある。

◆乾燥した地域…西アジアや中央アジア,東アジアの内陸部。

◆寒さが厳しい地域…シベリアは寒帯や冷帯が広がる。

季節風は,夏は海洋から大陸へ,冬は大陸から海洋へ向かって吹く。

◎アジアの人口と宗教

◆人口…世界の総人口の約　　　割が集中。都市化が進
み,巨大都市が誕生。都市問題が発生。

◆宗教

・　　　　教…東アジアや東南アジア。

・　　　　　　教…西アジアや中央アジア。

・　　　　　教…インド。

・キリスト教…フィリピンなど。

★中国最大の都市シャンハイ
(Cynet Photo)

(2)中国

- ◎人口と民族
  - ◆人口…14億人超。インドと並んで人口が多い。
    - →人口増加を抑えるために ＿＿＿＿＿ 政策。
  - ◆民族…約9割を占める ＿＿＿＿＿ 族と, 多くの少数民族
    が暮らす。

自分な少子高齢化によって, 「一人っ子政策」は2015年に廃止された。

- ◎農業…東部の平野が中心。西部は牧畜。
  - ◆華中・華南地域…長江やチュー川が流れ,
    降水量が多い。 ＿＿＿＿ 作が中心。
    - →さとうきびや茶の栽培もさかん。
  - ◆華北地域・東北地方…黄河などが流れ,
    降水量が少ない。 ＿＿＿＿ 作が中心。
    - →小麦や大豆, とうもろこしを栽培。

★ 中国の農業地域

- ◎工業・経済の発展と課題
  - ◆沿岸部に ＿＿＿＿＿ を設置して, 外国企業を誘致。
    - →急速に工業化が進む。世界各地に工業製品を輸出していることから, 「世界の工場」と呼ばれる。
  - ◆経済も発展し, 「世界の市場」とも呼ばれる。
  - ◆課題…大気汚染などの環境問題。沿岸部に住む人と内陸部
    に住む人との収入の差(＿＿＿＿格差)。

★ 経済特区

(3)韓国

- ◎文化…日本と古くから関わりが深く, 似ている点も多い。
  - ◆ ＿＿＿＿＿ …独自の文字。　◆食事…キムチなど。
  - ◆儒教…祖先や年長者を敬う。

高い技術力が必要な工業製品を生産している。

- ◎産業と都市
  - ◆1960年代から工業化が進み, シンガポールや台湾などとともにアジア ＿＿＿＿＿ (新興工業経済地域)の1つ。
    - →1990年代以降は ＿＿＿＿＿ (先端技術)産業が成長。
  - ◆政治や経済の面で, 首都ソウルへの一極集中が進む。

薄型テレビ・スマホ

10 アジア州②

(1)東南アジアの国々

- ●民族
  - ◆1つの国の中に多くの民族が暮らす多民族国家が多い。
  - ◆_____…中国系の人々。経済分野で活躍。

なぜ？

東南アジアで稲作がさかんなわけは？
高温で雨が多い気候が，稲作に適している！

- ●農業
  - ◆大河流域の平野で稲作がさかん。1年に2回米をつくる_____も行われる。
  - ◆植民地時代に開かれた_____（大農園）で輸出用の農作物を栽培。
    →天然ゴム，コーヒー，油やしなど。

- ●工業
  - ◆工業団地に外国企業が進出し，工業化が進む。
    →日本など世界各国へ工業製品を輸出。

東南アジアの国々の輸出品の変化

✎〔 〕に当てはまる輸出品を書きましょう。

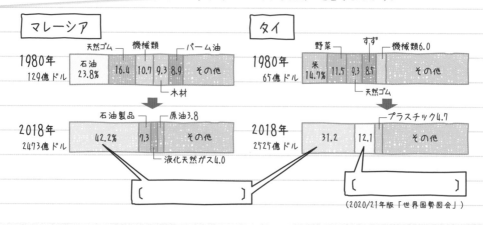

（2020/21年版「世界国勢図会」）

- ●各国の結びつきと都市問題
  - ◆_____（東南アジア諸国連合）…東南アジアの国々が加盟し，政治的・経済的な結びつきを強化。
    →加盟国間の貿易で関税をなくす取り組み。
  - ◆都市に人口が集中し，交通渋滞などの都市問題が発生。
    →生活環境の悪い_____が形成される。

(2)南アジアの国々

◎農業

◆　　　　作…降水量が多いガンジス川下流域など。

◆　　　　　…降水量が少ないガンジス川上流域など。

◆ほかにも茶や綿花の栽培がさかんで、多くを輸出。

茶はアッサム地方やスリランカ、綿花はデカン高原が大産地。

茶　計634万t			
中国 41.2%	インド 21.2		その他

ケニア 7.8
スリランカ 4.8
(2018年)

綿花　計2419万t				
中国 25.2%	インド 19.4	16.6		その他

アメリカ
パキスタン 6.9
(2018年)　(2020/21年版「世界国勢図会」)

★ 茶・綿花の生産量の割合

◎インドの工業

◆古くから綿工業や製鉄業が発展。

◆1990年代以降、外国企業を受け入れて工業化。

◆　　　　　(情報通信技術)産業が大きく成長。

→ベンガルールなどに欧米企業が進出。

◎人口の増加と課題への取り組み

◆人口が急増。　　　　　　の人口は13億人超。

→将来的に、食料やエネルギー資源が不足。

◆取り組み…品種改良や農薬の使用で穀物生産量を増

やす。　　　　　　エネルギーの利用。

時差を上手に活用。
シリコンバレー 20:30
あとはよろしく！
わかった。
ベンガルール 10:00

★ アメリカとインドの仕事のやり取り

(3)西アジア・中央アジアの国々

◎鉱業

◆西アジア…　　　　　　　　　　湾岸は石油の一大産地。

→産油国は　　　　　　(石油輸出国機構)を結成。

サウジアラビア	ベネズエラ	カナダ	イラク		
18.0%	15.9	10.0	9.2	8.6	その他

イラン
計2676億kL(2020年)　(2020/21年版「世界国勢図会」)

★ 石油の埋蔵量の割合

日本は、西アジアの国々から石油を大量に輸入している。

ペルシア湾岸の国々が上位！

◆中央アジア…石油や石炭、レアメタルなどが豊富。

11 ヨーロッパ州①

(1) ヨーロッパの自然

◉地形

◆北部…スカンディナビア半島の西側の海岸線に氷河の侵食によってできた　　　　　　　がみられる。

◆中部…なだらかな丘陵や平原が広がる。
国際河川の　　　　　川・ドナウ川が流れる。
→交通路としても重要な役割を果たす。

◆南部…イタリア・フランス・オーストリアなどの国境に, 氷河に覆われた　　　　　　山脈が連なる。

用語　国際河川とは？
複数の国を流れ, どの国の船でも自由に航行できる川。アジアのメコン川, 南アメリカのアマゾン川などがある。

◉気候

◆全体的に日本より高緯度に位置するが, 暖流の北大西洋海流と　　　　　　の影響を受け, 高緯度のわりに比較的温暖な気候。

◆西部は　　　　　　　　　, 地中海沿岸は地中海性気候, 東部と北部は主に冷帯(亜寒帯)に属する。

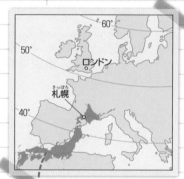

★ヨーロッパと日本の緯度

ロンドンのほうが高緯度に位置するが, 年平均気温は札幌よりも約3度高い!

(2) ヨーロッパの言語・民族と文化

◉ヨーロッパの言語と民族…ヨーロッパの言語は大きく3つに分けられ, 民族も言語と同じように3つに分けられる。

◆　　　　　　　系言語…主に北西部に分布。英語・ドイツ語・スウェーデン語など。

◆　　　　　　系言語…主に南部に分布。フランス語・イタリア語・スペイン語など。

◆スラブ系言語…主に東部に分布。ロシア語・ポーランド語・ブルガリア語など。

◆民族…大きくゲルマン系・ラテン系・スラブ系に分類。

◉ヨーロッパの文化

◆　　　　　　教が生活の基盤にある。
→町の中心に教会があり, 日曜日には礼拝。

◆近年, アフリカやトルコからの移民が増え, 　　　　　　教を信仰する人が増えている。

(3) ヨーロッパの統合

● 歩み

◆1967年, ヨーロッパの経済的結びつき
を強めるために, 　　　　(ヨーロッパ
共同体)を結成。

★EU加盟国の推移

◆1993年, 経済的協力に加えて, 政治的
な結びつきを強めるためにEU(ヨー
ロッパ連合)に発展。

> 2020年にイギリスがEUを離脱し, 加盟国は27か国となった。

● EUの政策

> スウェーデンやデンマーク, ルーマニアなどはユーロを導入せず, 独自の通貨を使っている。

◆共通通貨　　　　　　を導入。
　→両替の手間がなくなり, 経済的な壁がなくなる。

◆貿易の自由化を進める。加盟国間の貿易で, 輸入品にかか
　る　　　　　(関税)を撤廃。

◆多くの加盟国間で国境を越える際にパスポートが不要。

◆医師や弁護士などの仕事の資格が共通(一部を除く)。

● 交通網の整備

イギリスとフランスを結ぶ　　　　　　　　・ドイツのICE
などの高速鉄道や高速道路網, 航空路線を整備。
　→ヨーロッパ各国のつながりが密接に。

● EUの課題

> 一人あたりの国民総所得(GNI)の差が, 最大で10倍近くにもなる!

◆経済格差…ドイツやフランスなど経済力が強い国
　と, ギリシャ・ポルトガル・東ヨーロッパ諸国など,
　経済力が弱い国との経済格差が深刻。

◆失業率の上昇…賃金の安い東ヨーロッパの国々から, 豊か
　な西ヨーロッパの国々へ出稼ぎに行く労働者が増加。
　→西ヨーロッパにもともと住む人の失業率が上昇。
　→東ヨーロッパの国々では人材の流出や労働力不足が深刻。

7.5万ドル　約8倍!　ルクセンブルク　0.9万ドル　ブルガリア

12 ヨーロッパ州②

(1) ヨーロッパの農業

● 北部から中部の農業

◆ ＿＿＿＿＿農業…食用作物・飼料作物

の栽培と,家畜の飼育を組み合わせる。

→フランスでは＿＿＿＿＿の生産がさ

かんで,生産量・輸出量は世界有

数。「EUの穀倉」と呼ばれる。

> ヨーロッパの混合農業の内容
> ・食用作物…小麦・ライ麦・じゃがいもなど。
> ・飼料作物…大麦・えん麦など。
> ・家畜…豚・肉牛など。

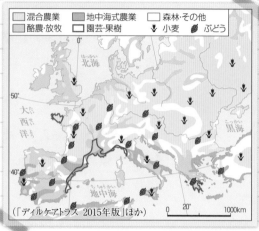

凡例
□ 混合農業　■ 地中海式農業　□ 森林・その他
■ 酪農・放牧　□ 園芸・果樹　↓ 小麦　🍇 ぶどう

北海　大西洋　黒海　地中海

(「ディルケアトラス 2015年版」ほか)
0　20°　1000km

★ ヨーロッパの農業地域

◆ ＿＿＿＿＿…乳牛を飼育し,牛乳・＿＿＿＿＿・バ

ターなどの乳製品を生産する。

(Cynet photo)
★ フランスの小麦畑

● 南部の農業

◆ 地中海式農業…乾燥する夏に＿＿＿＿＿・オリー

ブ・オレンジなどの果樹を栽培。やや雨が多くな

る冬に＿＿＿＿＿などを栽培。

> 地中海式農業による農作物(生産量の割合)

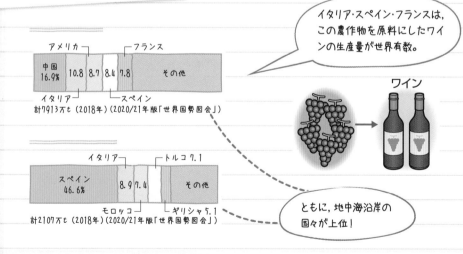

| アメリカ | | フランス | |
| 中国 16.9% | 10.8 | 8.7 | 8.4 | 7.8 | その他 |

イタリア　スペイン

計7913万t (2018年)(2020/21年版「世界国勢図会」)

> イタリア・スペイン・フランスは,この農作物を原料にしたワインの生産量が世界有数。

ワイン

| イタリア | | トルコ7.1 | |
| スペイン 46.6% | 8.9 | 7.4 | その他 |

モロッコ　ギリシャ5.1

計2107万t (2018年)(2020/21年版「世界国勢図会」)

> ともに,地中海沿岸の国々が上位!

● EUの農業政策…域内の農家や地域に補助金を出して保護して

きたが,補助金が増えて財政が苦しくなったので見直す。

(2) ヨーロッパの鉱工業

◎ヨーロッパの工業地域の変化

◆18世紀の半ばから，イギリスなどで工業が発達。

↓

◆地域で産出する鉄鉱石や石炭などの資源をいかし，ドイツ

の　　　　　　工業地域などで重工業が発達。

↓

◆1960年代以降，工業の中心は石油化学工業に変化してい

き，石油の輸入に便利な沿岸部に工場が進出。

↓

◆近年は大都市近郊で医薬品や航空機などを生

産するハイテク(先端技術)産業などが発達。

→国際的な分業で　　　　　　を生産。フラン

スのトゥールーズなどに最終組み立て工場。

> 西ヨーロッパの国々では，世界で最初に近代工業が発達した。

> 航空機の部品を各国で生産。

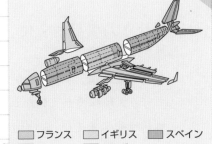

| ■ フランス | ■ イギリス | ■ スペイン |
| ■ ドイツ | □ ベルギー | |

★国際分業による航空機生産

(3) 環境問題の発生と対策

◎環境問題の発生

◆自動車や工場からの排出ガスに含まれる硫黄酸化物や窒素

酸化物を原因とする　　　　　　が降る。

→国境を越えた広い地域で，森林が枯れるなどの被害。

火力発電所・工場・自動車などから酸性物質が排出される　　風にのって運ばれる

◆ライン川などで，工場廃水などによる水質汚濁が進む。

◆　　　　　　　　…二酸化炭素などの温室効果ガスが原

因で地球の気温が上昇し，異常気象などを引き起こす。

◎ヨーロッパでの環境対策

◆自動車の排出ガスを減らすために　　　　　　の利用を

推進。自転車専用道路や駐輪場などを設ける。

→パークアンドライドも積極的に活用。

◆環境にやさしい風力や太陽光などの　　　　　　エネ

ルギーの導入やリサイクルの徹底を進める。

> 用語　パークアンドライドとは？
> 都市郊外で暮らす人が最寄りの鉄道駅に車をとめ，列車などに乗り換えて通勤・通学する取り組み。都市中心部では自転車なども利用される。

STATION

13 アフリカ州

(1)アフリカの自然

◉地形と気候

◆河川…東部を＿＿＿＿＿＿川が南北に流れ,地中海に注ぐ。

◆砂漠…北部に世界最大の＿＿＿＿＿＿砂漠が広がる。

→その南側にサヘルと呼ばれる乾燥地域が広がり,

植物が育たない荒れ地が拡大する＿＿＿＿＿＿が深刻。

◆気候…中央部は,＿＿＿＿＿が通り,熱帯に属する。

→南北に行くにつれて,乾燥帯・温帯が広がる。

> 砂漠化の原因は,干ば
> つや,人口増加による
> まきのとりすぎなど。

(2)アフリカの歴史と文化

◉歴史

◆16世紀以降,多くの人が＿＿＿＿＿として南北アメ

リカ大陸へ連れていかれる。

◆19世紀末までに,広い地域がヨーロッパ諸国の

＿＿＿＿＿となる。

◆1960年代に多くの国が独立。

◉宗教・言語…サハラ砂漠より北では主にイスラム教

とアラビア語。サハラ砂漠より南では伝統宗教やキ

リスト教と,植民地支配していた国の言語。

凡例:
独立国
イギリス領
フランス領
ドイツ領
その他の領土

エチオピア／エジプト／リベリア／ベルギー領コンゴ／マダガスカル／南西アフリカ／南アフリカ連邦

★植民地下のアフリカ（1904年）

(3)アフリカの産業

◉農業の様子

◆植民地時代に＿＿＿＿＿＿農業が始まり,大農園

で輸出用作物を栽培→現在でも重要な輸出品。

◆ギニア湾岸のコートジボワール・ガーナ・ナイジェリアで,

＿＿＿＿＿の栽培がさかん。

コートジボワール	ガーナ	ナイジェリア	
37.4%	18.1	11.3 6.3	その他

インドネシア━　カメルーン5.9

計525万t（2018年）　（2020/21年版「世界国勢図会」）

★カカオの生産量の割合

カカオ　→　チョコレート

> カカオはチョコレート
> の原料！

◆ケニアで茶,エチオピアでコーヒーの栽培。

◆伝統的な焼畑農業や牧畜も行われている。乾燥帯の地域で

は,移動しながら家畜を飼育する遊牧。

(4)アフリカの鉱産資源

● 南アフリカ共和国の　　　　　，ボツワナのダイ
　ヤモンド，ザンビアの銅，ナイジェリアの石油
　など，鉱産資源が豊富。
　→各国にとって重要な輸出品。

● 　　　　　　　（希少金属）…埋蔵量が少な
　く，取り出すことが難しい金属。コバルト・マ
　ンガンなど。アフリカ南部を中心に産出。

★ アフリカの鉱産資源

ダイヤ モンド	コンゴ民主共和国		ボツワナ		
(2016年) 計1.3億カラット	ロシア 30.1%	17.3	15.3	10.4	9.7 その他
	オーストラリア			カナダ	

マン ガン			ブラジル		
(2015年) 計1700万t	南アフリカ 共和国 34.7%	17.0	中国 12.3	11.3	7.2 その他
	オーストラリア		ガボン		

(2020/21年版「世界国勢図会」)

★ アフリカで産出がさかんな鉱産資源の生産量の割合

> レアメタルは，携帯電話な
> ど，最新の電子機器に欠
> かせない金属で，近年，
> 需要が高まっている。

(5)アフリカの課題

● 多くの国が特定の鉱産資源や農作物の輸出に頼る
　　　　　　　経済で，国の収入が不安定。

● 　　　　　　　の発生…民族や宗教の違いなどから起こる
　内戦や紛争，干ばつによる食料不足などが主な原因。
　本来の居住地を離れなければならなくなった人々

● 生活環境の悪い　　　　　　　の形成や，人口増加によ
　る食料不足などの問題も深刻。

なぜ?

民族対立の背景は?
植民地時代，欧米諸国は民族の分
布を考慮せずに，緯線・経線に沿っ
て境界線を引いた。現在の国境線
にもその名ごりがみられ，民族対
立の背景のひとつになっている。

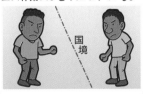

国
境

(6)アフリカと世界の国々

● アフリカの50を超える国と地域が　　　　　（アフリカ連合）を
　結成→アフリカの政治的・経済的な結びつきを強化。

● 先進国や　　　　　　（非政府組織）が資金や技術の援助，医療
　支援などを行って，ともに課題の解決に取り組む。

14 北アメリカ州①

(1)北アメリカの自然

◉地形

◆山地…西部に険しい _____ 山脈,東部になだらかな
アパラチア山脈が南北に連なる。

◆河川…アメリカ合衆国(がっしゅうこく)の中央を _____ 川が流れる。
→その西にプレーリー, グレートプレーンズ。

> プレーリーは丈(たけ)の長い草が生える草原, グレートプレーンズは高原状の大平原。

◆湖…アメリカ合衆国東部とカナダ東部の国境に
_____ と呼ばれる5つの湖がある。

◉気候

熱帯から寒帯までさまざまな気候。大陸南東部などでは,ハリケーン(台風に似た熱帯低気圧)による被害(ひがい)も。

> アメリカ合衆国の気候は, 降水量により西経(せいけい)100度付近を境に大きく2つに分けられる。西経100度より東側は温帯, 西側は乾燥帯(かんそうたい)。

（℃）アンカレジ　ロサンゼルス　マイアミ（mm）

アンカレジ 年平均気温2.8℃ 年降水量413.1mm
ロサンゼルス 年平均気温17.3℃ 年降水量322.0mm
マイアミ 年平均気温25.0℃ 年降水量1568.6mm

気温 30 20 10 0 -10 -20 1月 6 12 1月 6 12 1月 6 12

降水量 400 300 200 100 0

(令和3年版「理科年表」)

★アメリカ合衆国の主な都市の雨温図

(2)北アメリカの歩み

◉もともとはアメリカインディアンやエスキモー（カナダではイヌイット）などの _____ と呼ばれる先住民が狩猟(しゅりょう)と採集の生活を送っていた。

↓

◉16〜17世紀以降, ヨーロッパからの _____ がやってくる。
→イギリスとフランスがアメリカ合衆国とカナダを,
スペインがメキシコ以南やキューバを植民地支配。

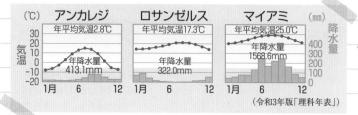

↓

◉アフリカ大陸から強制的に多くの人々が連れてこられる。
→奴隷(どれい)として農場労働に従事。

(3) 北アメリカの農業

◎アメリカ合衆国の農業の特色

- ◆　　　　　　　　な農業…大農場を経営する農場主
  が労働者を雇って作業させる。

  → 大型機械を使い, 少ない人手で大量に農作物を生産。

> バイオテクノロジーをいかした新種開発, 農薬や化学肥料の利用などもさかん。

- ◆「世界の食料庫」と呼ばれ, 世界各地に食料を輸出。

  → 小麦・とうもろこし・大豆 などの輸出量は世界有数。

小 麦	計2.0億t					とうもろこし	計1.6億t				
	アメリカ┐	┌カナダ							ロシア 3.2┐		
ロシア 16.8%	13.9	11.2	11.2	8.8	その他	アメリカ 32.9%	ブラジル 18.1	14.7	12.0		その他
	オーストラリア┘		└ウクライナ				アルゼンチン┘		└ウクライナ		

大 豆	計1.5億t				
			パラグアイ 4.0	カナダ 3.1	
ブラジル 44.9%	アメリカ 36.5				その他
	アルゼンチン 4.9				

(いずれも2017年)　　　(2020/21年版「世界国勢図会」)

★ 小麦・とうもろこし・大豆の輸出量の割合

> アメリカ合衆国の穀物メジャーは, 小麦などの穀物の売買から種子や農薬の開発, 気象情報の提供など, アグリビジネスに関わる産業を支配している。

- ◆ _____ と呼ばれる穀物を扱う大企業が, 世界
  の穀物価格や流通に大きな影響を与えている。

◎アメリカ合衆国の農業地域

- ◆地域の気候や土壌に合った農作物を栽培
  する　　　　　　　が行われている。

> センターピボット方式によるかんがい農業やフィードロットなどで効率的な生産を行う。

アメリカ合衆国の農業地域

✐〔　　〕に当てはまる農作物や農業を書きましょう。

> プレーリーの北部や中部で〔　　　　〕の栽培！

> 五大湖周辺では,〔　　　　〕がさかん！

> 南部では, かつて黒人奴隷を使って〔　　　　〕づくりがさかんだった！

非農業地

(Goode's World Atlas 2010など)

凡例:
- 〔　　　　〕
- とうもろこし・大豆
- 〔　　　　〕
- 〔　　　　〕
- 地中海式農業
- フィードロット
- 放牧
- その他の農業

41

15 北アメリカ州②

(1) 北アメリカの鉱工業

◎ アメリカ合衆国の工業の変化

◆ 19世紀以降, ＿＿＿＿＿＿ 周辺では, 重工業が成長。

> 鉄鉱石や石炭などの鉱産資源が豊富で, 水上交通の便もよかった。

→ ピッツバーグで ＿＿＿＿＿＿ が発達。

→ デトロイトで自動車工業が発達し, 流れ作業による ＿＿＿＿＿ 方式が導入された。

↓

◆ 20世紀後半, 他国との生産競争で遅(おく)れをとるようになったため, ＿＿＿＿＿＿ 産業に力を入れる。

> **なぜ?**
> サンベルトの発達理由
> 温暖で安くて広い土地と豊かな資源があり, 労働力も豊富だった。

→ 航空宇宙産業, コンピューター関連産業, エレクトロニクス産業, バイオテクノロジーなどで世界をリード。

→ 現在は北緯37度以南(ほくい)の ＿＿＿＿＿＿ に工業の中心が移っている。

アメリカ合衆国の鉱工業

✎ ( )に当てはまる語句を書きましょう。

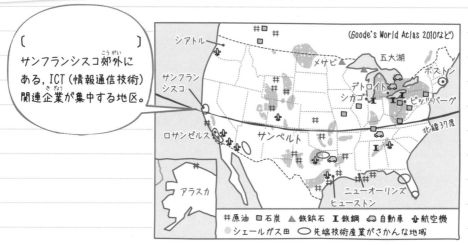

> [   ]
> サンフランシスコ郊外(こうがい)にある, ICT(情報通信技術)関連企業(きぎょう)が集中する地区。

(Goode's World Atlas 2010など)

シアトル / メサビ / 五大湖 / サンフランシスコ / デトロイト / ボストン / シカゴ / ピッツバーグ / 北緯37度 / ロサンゼルス / サンベルト / アラスカ / ニューオーリンズ / ヒューストン

♯原油 □石炭 ▲鉄鉱石 工鉄鋼 🚗自動車 ✈航空機
⬭シェールガス田 ◯先端技術産業がさかんな地域

◎ 各国の結びつき

◆ アメリカ合衆国の企業(きぎょう)は生産費を抑(おさ)えるために, 賃金(ちんぎん)が安いメキシコや中央アメリカなどの国に工場を移転。

◆ アメリカ合衆国・カナダ・メキシコの3か国は貿易をさかんにするための取り組みを行ってきた。

→ かつてはNAFTA(ナフタ)(北米自由貿易協定)を結び, 現在はUSMCA(アメリカ・メキシコ・カナダ協定)という新しい協定になった。

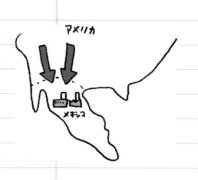

アメリカ / メキシコ

(2)北アメリカの民族

- アメリカ合衆国はヨーロッパ・アフリカ・アジア・中央アメリカなど, 世界各地からの移民が暮らす多民族国家。
  - →近年は, メキシコ・中央アメリカなどの国々から移住した, スペイン語を話す＿＿＿＿＿＿が増加。多くが農場や工場などで働く。

ネイティブアメリカン0.8
アジア系 5.4
その他
アフリカ系 12.7
ヨーロッパ系 72.6%
(2016年)
(U.S. Census Bureau, ほか)

★アメリカ合衆国の人口構成

総人口のうち, 17.8%がヒスパニック。

スポーツの分野などで活躍するアフリカ系・ヒスパニックも多い。

- カナダはイギリス系が中心だが, フランス系が多い地域も。
  - →英語とフランス語が公用語。＿＿＿＿主義の政策。

(3)アメリカ合衆国の生活と文化

- 生活
  - ◆フリーウェイが整備され, ＿＿＿＿中心の社会。
    - →週末に広大な駐車場がある郊外のショッピングセンターに行き, 大量にまとめ買いする。
  - ◆大量＿＿＿＿・大量＿＿＿＿の生活様式…大量に物をつくり, 大量に消費することで産業や経済を発展させてきた。
    - →廃棄物やガソリン消費量, 二酸化炭素排出量が多い。
    - →リサイクルや再生可能エネルギーの利用を推進。
  - ◆通信販売やインターネットショッピングが広まったのも, アメリカ合衆国が最初。

アメリカ合衆国から世界に広がった文化
・娯楽…ハリウッド映画・テーマパークなど。
・スポーツ…野球・バスケットボール・アメリカンフットボールなど。
・ファッション…ジーンズ・Tシャツなど。

- 文化
  - ◆効率的で伝統にとらわれないアメリカ独自の文化がある。
    - →ハンバーガーのファストフード店・コンビニエンスストア・コーヒーのチェーン店など。
    - →アメリカ合衆国の文化は, ＿＿＿＿企業の進出に伴って, 世界各国へ広がっている。
  - ◆さまざまな文化が影響を与え合って生まれた文化がある。
    - →＿＿＿＿はアフリカの音楽とヨーロッパの音楽が混ざり合ってできた。

16 南アメリカ州

(1)南アメリカの自然

● 地形
　◆ 太平洋側に　　　　　　　　山脈が南北に連なる。
　赤道付近に,流域面積が世界最大の　　　　　　　川が流
　れる→流域に熱帯雨林(セルバ)が広がる。

● 気候
　◆ 赤道が通る北部は大部分が　　　　　帯,南部のラプラタ川
　流域などは温帯に属する。赤道付近でも,アンデス山脈
　の高地は高山気候に属し,緯度のわりに涼しい。

> アマゾン川は重要な交通路となっている。流域には伝統的な暮らしをおくる先住民が住む。川でとれる魚も大事な食料。

(2)南アメリカの歩み

● もともとインカ帝国などの先住民の文明が栄えていた。
　↓
● 16世紀以降,ブラジルはポルトガル,その他の
　ほとんどの地域は　　　　　　　の植民地に。
　→現在もポルトガル語,スペイン語が公用語。
　↓
● 植民地時代には,アフリカから連れてこられた
　人々が,奴隷として農場などで働かされた。
　↓
● 20世紀,多くの　　　　　　　　が農業労働者とし
　て,ブラジル・ペルー・ボリビアなどに移住。
　→現在でも日系人が多い。

> 植民地支配を受けた南アメリカには,先住民とヨーロッパ人の混血(メスチーソ)や,ヨーロッパ人とアフリカの人々の混血など,混血の人が多い。

(3)南アメリカの農業

計1030万t			ベトナム		ホンジュラス 4.7	
ブラジル 34.5%	15.7	7.0	7.0		その他	

(2018年)　　　　インドネシア┘　　└コロンビア　(2020/21年版「世界国勢図会」)

★ コーヒーの生産量の割合

● ブラジルでは,プランテーションで
　　　　　　　　　　　・さとうきび・大豆の栽培がさかん。
　→近年は,鶏肉や牛肉の生産量も増加。

> ブラジルは,コーヒーの輸出量も世界一!

● アルゼンチンのラプラタ川流域に広がる　　　　　　　と呼ば
　れる肥よくな草原で,小麦・大豆の栽培,肉牛の放牧。

● アマゾン川の流域では,森林などを燃やし,残った灰を肥料に
　して農作物を栽培する,　　　　　農業が行われている。

(4) 南アメリカの鉱工業

◎鉱業…南アメリカは鉱産資源が豊富。

　◆石油…ベネズエラやエクアドルで産出。

　◆_____…ブラジル北東部のカラジャス鉱

　　山は世界最大級の産地。

　　→露天掘りによる採掘が行われている。

　◆チリとペルーは世界有数の_____の産出国。

　◆チリやボリビアでレアメタル（希少金属）が産出。

計15.0億t				インド
オーストラリア 36.5%	ブラジル 17.9	中国 14.9	8.3	その他

（2017年）　　　　ロシア 4.1┘　（2020/21年版「世界国勢図会」）

★ 鉄鉱石の生産量の割合

日本は，ブラジルから大量の鉄鉱石を輸入している。

◎工業

　◆ブラジルはかつて，コーヒーなどの一次産品の

　　輸出に依存していた。

　　↓

　◆外国企業の誘致などによって工業が発展。自

　　動車や航空機，電子部品などを生産して輸出。

　　→経済成長をとげ，_____の一国に。

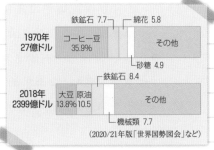

			鉄鉱石 7.7┐	綿花 5.8
1970年 27億ドル	コーヒー豆 35.9%			その他

砂糖 4.9┘

		鉄鉱石 8.4┐	
2018年 2399億ドル	大豆 13.8%	原油 10.5	その他

機械類 7.7┘

（2020/21年版「世界国勢図会」など）

★ ブラジルの輸出品の変化

(5) 開発と環境問題

◎アマゾン川流域の開発

　◆アマゾン横断道路の建設，鉄道の敷設，農地開発など

　　のため，_____を伐採。

　　↓

　◆森林が減少して二酸化炭素の吸収量が少なくなる。

　　→_____が進行。

　　→森林に住む先住民の生活がおびやかされる。

　　　森林にすむ動植物が絶滅する心配がある。

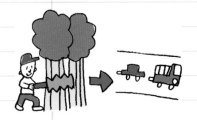

◎環境保護の動き

　◆ブラジルでは，再生可能エネルギーの_____

　　　　　　　　　　を自動車の燃料に利用。

　　→原料となるさとうきびの畑の開発で環境問題が起

　　　こらないように，持続可能な開発が重要。

[用語] バイオ燃料とは？

植物などの生物体（バイオマス）からつくられる燃料。さとうきび・とうもろこし・ふん尿・木くずなどが原料とされる。

とうもろこし　→　バイオ燃料

17 オセアニア州

(1)オセアニアの自然

◎地形

◆太平洋上に、　　　　　　　　でできた島や、火山の活動によってできた火山島などがある。

> オセアニアは、メラネシア・ミクロネシア・ポリネシアの3地域に区分される。

◆オーストラリア大陸は、火山や大規模な地震がない安定した大陸。ニュージーランドなどは地震や火山活動が活発。

◎気候

◆オーストラリアの気候

・内陸部は乾燥帯に属し、　　　　　　　が広がる。

・南東部と南西部の沿岸は　　　　　　　、北部は熱帯。

> オーストラリアは、乾燥した内陸部では人口が少なく、人口のほとんどが、温帯の沿岸部に集中している。

◆ニュージーランドの気候…全体的に　　　　　の西岸海洋性気候に属し、四季があり、適度な降水量。

◆太平洋の島々…熱帯だが、海からの風で過ごしやすい気候。

(2)オセアニアの歩み

◎歴史…18〜20世紀、イギリスやフランスなど欧米の国々の植民地になり、先住民は迫害を受ける。

> 現在もフランス領やアメリカ領となっている島がある。

→現在も、国旗にイギリス国旗が含まれていたり、英語が公用語になっていたりする。

◎先住民…オーストラリアの先住民は　　　　　　　　、ニュージーランドの先住民は　　　　　　。

→近年は先住民の文化を尊重する動きがみられる。

(3)オセアニアの農業

◎オーストラリアの農業

◆やや雨が多く牧草が育つ南東部・南西部で、羊の放牧がさかん。　　　　　　の生産量は世界有数。

◆北東部などで　　　　　　の飼育がさかん。オーストラリア産の牛肉は「オージービーフ」と呼ばれ、日本にも多く輸出。

◆小麦の栽培もさかんで、代表的な輸出品。

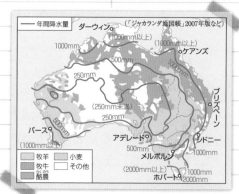

★オーストラリアの農業地域

◎ニュージーランドの農業

　　◆適度な降水量があり牧草が育つため, 乳牛や

　　　肉用の　　　　を飼育し, 乳製品や羊肉を輸出。

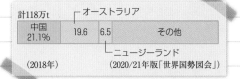

計118万t		オーストラリア	
中国 21.1%	19.6	6.5	その他

(2018年)　　　　　　　└ニュージーランド
　　　　　　　　　　(2020/21年版「世界国勢図会」)

★羊毛の生産量の割合

(4)オーストラリアの鉱業

◎石炭・鉄鉱石・ボーキサイト(アルミニウムの原料)

　　など, さまざまな種類の鉱産資源が豊富。

　→鉄鉱山や炭鉱では,　　　　　による採掘。

> 用語 露天掘りとは?
> 地表を直接削り, 鉱産物を採掘する方法。

オーストラリアの鉱産資源の分布

[　]に当てはまる鉱産資源を書きましょう。

西部で〔　　　　〕が産出!

東部で〔　　　　〕が産出!

# 石油	▲〔　　　〕
⩘ 天然ガス	◆〔　　　〕
◇ 金	▣ ボーキサイト ● ウラン

(5)オセアニアと世界各地のつながり

◎オーストラリアの社会や世界各国との結びつき

　　◆かつて, ヨーロッパ系以外の移民を制限する　　　　　主義

　　　政策をとっていたが, 1970年代に撤廃。

　　　→アジア系移民などが増え,　　　　社会へ変化。

　　◆貿易相手国の中心はイギリスなどから, 距離的に近いアジ

　　　アの国々に変化。

> APEC(アジア太平洋経済協力会議)などのつながりによって, アジアの国々と経済的な結びつきを強めている。

輸出	計2547億ドル				
			アメリカ合衆国 3.8		
中国 34.1%	日本 16.2	6.9		その他	

　　　　　　　韓国┘　└インド 4.6
(2018年)

輸入	計2409億ドル				
			アメリカ合衆国		
中国 24.4%	10.3	日本 7.4		その他	

　　　　　　　ドイツ 5.0┘　└タイ 4.9
(2018年)　　　　　(2020/21年版「世界国勢図会」)

★オーストラリアの貿易相手国

確認テスト③

/100

●目標時間：30分　●100点満点　●答えは別冊23ページ

1 アジア州について，右の地図をみて，次の問いに答えなさい。

<5点×7>

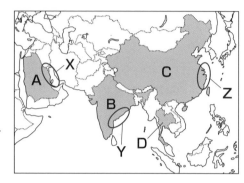

(1) 次の①～③の自然がみられる国を，地図中の**A**～**D**から1つずつ選び，記号で答えなさい。

　①メコン川　　②ペルシア湾（わん）　　③デカン高原

　　　　　①〔　　　　　〕②〔　　　　　〕

　　　　　③〔　　　　　〕

(2) 石油の一大産地となっていて，イスラム教徒が多く住んでいる地域を，地図中の**X**～**Z**から1つ選び，記号で答えなさい。〔　　　　　〕

(3) 次の①～③の文が述べている国を，地図中の**A**～**D**から1つずつ選び，記号で答えなさい。

　① 沿岸部に経済特区を設置し，急速な経済発展をとげた。世界各地に工業製品を輸出していることから，「世界の工場」と呼ばれる。

　② 1990年代に南部のベンガルールに欧米（おうべい）のソフトウェア企業（きぎょう）が進出して以来，ICT（情報通信技術）産業の成長が著（いちじる）しい。

　③ 東南アジアで唯一（ゆいいつ），欧米の植民地支配を受けなかった。大河流域の平野で稲作（いなさく）がさかんで，米の輸出量は世界有数である。

　　　　　①〔　　　　　〕②〔　　　　　〕③〔　　　　　〕

2 ヨーロッパ州について，右の地図をみて，次の問いに答えなさい。

<5点×5>

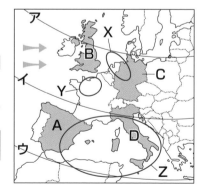

(1) 地図中の**ア**～**ウ**から，日本の北海道とほぼ同じ緯度（いど）を1つ選び，記号で答えなさい。〔　　　　　〕

重要(2) 地図中の➡は，ヨーロッパの気候に大きな影響（えいきょう）を与（あた）えている風の向きを表しています。この風を何といいますか。〔　　　　　〕

(3) EUについて，次の問いに答えなさい。

　① EUに加盟している多くの国で使用されている共通通貨を何といいますか。

　　　　　　　　　　　　　　　　〔　　　　　　　　　　　〕

② 地図中の**A〜D**から，2020年にEUから離脱（りだつ）した国を1つ選び，記号で答えなさい。

〔 　　　　 〕

(4) 次の文が述べている地域を，地図中の**X〜Z**から1つ選び，記号で答えなさい。

◇　乾燥（かんそう）する夏にオリーブやぶどうなどの果樹を栽培（さいばい）し，比較的（ひかくてき）雨が降る冬には小麦を栽培

している。　　　　　　　　　　　　　　　　　　　　　　　〔 　　　　 〕

3 南北アメリカ州について，右の地図をみて，次の問いに答えなさい。　　　　　　　<5点×6>

(1) 次の①〜④の文が述べている国を，地図中の**A**

〜**D**から1つずつ選び，記号で答えなさい。

① かつてポルトガルの植民地だったため，ポル

トガル語が公用語。日系人（にっけいじん）が多く暮らす。

② 世界各地からの移民で構成された多民族国

家。ヨーロッパ系の人々の割合が最も高いが，

近年はヒスパニックの割合が増加している。

③ アンデス山脈が連なる。銅の生産量は世界一

で，重要な輸出品となっている。

④ 英語とフランス語が公用語となっていて，多文化

主義の政策をとっている。

①〔　　　 〕②〔　　　 〕
③〔　　　 〕④〔　　　 〕

重要(2) ICT（情報通信技術）産業の企業が集中するシリコン

バレーの位置を，地図中の**ア〜エ**から1つ選び，記号

で答えなさい。

〔 　　　　 〕

(3) 地図中の**X**で露天掘（ろてんぼ）りにより採掘（さいくつ）され，日本へも多

く輸出されている鉱産資源を次の**ア〜エ**から1つ選

び，記号で答えなさい。

ア 金　**イ** 石炭　**ウ** すず　**エ** 鉄鉱石　　　　　　〔 　　　　 〕

4 アフリカ州とオセアニア州について，次の問いに答えなさい。　　　　<5点×2>

(1) アフリカのギニア湾岸（わんがん）で栽培がさかんなチョコレートの原料となる農作物を，次の**ア〜エ**

から1つ選び，記号で答えなさい。

ア ココヤシ　**イ** タロいも　**ウ** カカオ　**エ** 大豆　　　　〔 　　　　 〕

(2) オーストラリアの先住民を何といいますか。

〔 　　　　 〕

18 身近な地域の調査

(1)身近な地域の調査

●調査の進め方

◆調査　　　　を決める…地域を歩いたり, 写真や地図などを見たりして, 興味をもったことや疑問点を出し, 何について調べるかを決める。

◆　　　　を立てる…調査結果を予想することで, 具体的に調べることがはっきりする。

◆調査方法を決める…調査項目を決め, それに合った調査方法を考える。

★野外観察で持っていくもの

●いろいろな調査方法

◆　　　　観察(フィールドワーク)…実際に地域を歩いて観察し, 気がついたことをメモしたり, 写真にとったりする。あらかじめルートマップをつくっておくとよい。

◆　　　　調査…詳しい人を訪ねて話を聞く。

◆資料による調査(文献調査)…市役所や図書館, インターネットなどで, 文献や統計, 写真資料などを見て調べる。

> ルートマップは, 調べる場所や順序などをかき込んだ地図。

●調査結果のまとめ

◆資料の整理…集めた資料や調査時のメモを整理し, 分析。

◆レポート・ポスターの作成の手順

①タイトルを書く…調査テーマをわかりやすく書く。

②調査の動機と　　　　を書く…なぜ, テーマについて調べようとしたか, 何を知りたいかを書く。

③調査方法を書く…どんな方法で調べたかを書く。

④わかったことを書く…調べた結果・考察を書く。

⑤まとめ・感想を書く…今後調べたいことも書く。

◆グラフの活用

・数値の変化…　　　　グラフか折れ線グラフで表す。

・数値の割合…円グラフか　　　　グラフで表す。

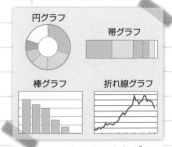

★いろいろなグラフ

(2)地形図の見方

●　　　　…土地の使われ方などを詳しく表した地図。

→縮尺が5万分の1と2万5千分の1のものが代表的。

◉縮尺

◆実際の距離を地図中に縮めた割合をいう。

◆実際の距離の求め方…地図上の長さ×_____

◉方位

◆東・西・南・北を基準に, 8方位や16方位で示す。

◆とくに断りがない場合, 上が_____を示す。

◉等高線

◆海面からの高さが同じところを結んだ線。

◆等高線の間隔…2万5千分の1地形図では_____mご

と, 5万分の1地形図では_____mごとに引かれる。

◆等高線の間隔と土地の傾斜…間隔が_____いところほ

ど, 土地の傾斜は急。_____いところほど緩やか。

★ 16方位

吹き出し：

2万5千分の1地形
図上で2cmの長さ
の実際の距離は,
2(cm)×25000
  =50000(cm)
  =500(m)。

◉地図記号

◆土地利用の地図記号…作物を図案化したものが多い。

→ _____は稲の切り株, _____は果実を図案化。

◆建物の地図記号…関係のあるものを図案化したものが多い。

→ _____は歯車, _____は鳥居を図案化。

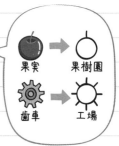

果実 → 果樹園

歯車 → 工場

主な地図記号

🖉〔 〕に地図記号が表しているものを書きましょう。

建物・施設		土地利用	
◎ 市役所　東京都の区役所	⛩ 神社	‖ " ‖ 〔　　　〕	
⊖〔　　　〕	卍〔　　　〕	ˇ ˇ ˇ 〔　　　〕	
⊗〔　　　〕	📖〔　　　〕	○ ○ ○ 〔　　　〕	
☼ 工場	⛪ 博物館・美術館	∴ ∴ ∴ 〔　　　〕	
文 小・中学校	⚡ 風車	○ ○ ○ 広葉樹林	
⊞〔　　　〕	△〔　　　〕	∧ ∧ ∧ 〔　　　〕	
	⊡ 水準点		

19 日本の地形

(1)山がちな日本

◉造山帯(変動帯)…大地の動きが
活発で,高くて険しい山脈や山地が
連なっているところ。地震が多く発
生し,火山活動も活発。

★2つの造山帯

◆＿＿＿＿＿＿＿造山帯…太平洋
を取り巻くように連なる。
→アンデス山脈,ロッキー山脈,
日本列島など。

◆＿＿＿＿＿＿＿＿＿造山帯…ユーラシア大陸南部か
らインドネシアの島々に連なる。
→アルプス山脈,ヒマラヤ山脈など。

日本列島は環太平洋
造山帯の中に位置す
るので,地震が多く,
火山の活動も活発。

◉安定した大陸…オーストラリア大陸やアフリカ大陸の大半,
ユーラシア大陸や南北アメリカ大陸の一部など。
◆地震や火山活動があまりみられない。
◆長い時間をかけて風化や侵食が進み,平地が広い。

◉日本の山地
◆日本の国土の約4分の＿＿＿が山地。
◆＿＿＿＿＿＿＿＿…本州中央部の飛騨山脈・
木曽山脈・赤石山脈の総称。険しい山々が連
なる。「日本の屋根」とも呼ばれる。
◆＿＿＿＿＿＿＿＿＿…日本アルプスの東側に
南北にのびる,大きな溝状の地形。地盤の割
れ目がずれ動いた状態の断層が集中している。

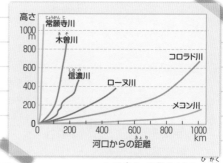

★日本と世界の川の比較

(2)日本の川と平野・盆地

◉日本の川
◆大陸の川に比べて短く,傾斜が＿＿＿＿な川が多い。
→日本は山がちで,山から海までの距離が短いため。
◆＿＿＿＿＿＿が狭く,水量の変化が大きい。
→川のはんらんが起こりやすい。

ワー！

日本は急流
の川がタタい。

◎平野・盆地…人口が集中。川がつくる地形がみられる。

◆　　　　…川が山地から平地に出るところに土砂が
積もってできた，扇形の緩やかな傾斜地。

◆　　　　…川が海や大きな湖に出るところに土砂が
積もってできた，三角形に似た平たんな地形。

◆台地…海や川沿いの低い平地よりも高くにある平地。

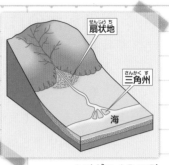

★川がつくる地形

(3)海岸と周りの海

◎海岸地形

◆　　　　海岸…切り込みの深い湾と岬が続く，複雑に入
り組んだ海岸地形。三陸海岸南部などにみられる。

◆ほかにも砂浜海岸や岩石海岸，さんご礁が発達した海岸な
どの自然の海岸がみられるが，人工海岸も広い。

谷口にできるのが
扇状地，河口にでき
るのが三角州。

◎海底地形

◆　　　　…陸地周辺の深さが200 mくらいまでの浅くて
平らな海底地形。水産資源や鉱産資源が豊富。

◆　　　　…海底がすじ状に深くなっている地形。

日本海溝や伊豆・
小笠原海溝など。

◎海流

◆暖流…太平洋側に　　　　　　　，日本海側に対馬海流。

◆寒流…太平洋側に　　　　　　　，日本海側にリマン海流。

注意!
○対馬海流
×対島海流

日本の周りの海流名

／（　）に当てはまる海流名を書きましょう。

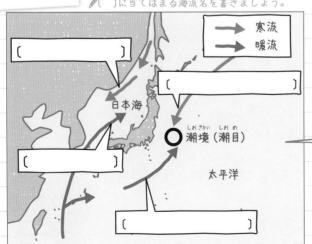

親潮と黒潮がぶつ
かる潮境は，魚の
えさとなるプランク
トンが豊富で，好漁
場となっている。

20 日本の気候

(1)日本の気候の特徴

◎日本の気候帯・気候区

◆ 大部分が ＿＿＿＿ 帯の温暖湿潤気候。北海道は冷帯(亜寒帯)。

◆ 一年を通じて気温や降水量の変化が大きい。

◆ 温帯の中でも四季の変化がとくにはっきりしている。

温帯の雨温図の比較

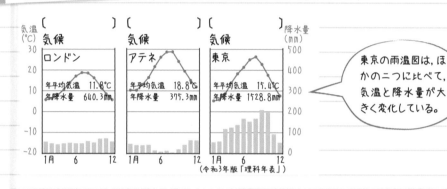

🖉( )に当てはまる気候区の名を書きましょう。

気温(℃)
〔　　気候　〕 ロンドン 年平均気温 11.8℃ 年降水量 640.3mm
〔　　気候　〕 アテネ 年平均気温 18.8℃ 年降水量 375.3mm
〔　　気候　〕 東京 年平均気温 15.4℃ 年降水量 1528.8mm
降水量(mm)

(令和3年版「理科年表」)

> 東京の雨温図は、ほかの二つに比べて、気温と降水量が大きく変化している。

◎季節風(モンスーン)…冬は ＿＿＿＿ から,夏は ＿＿＿＿ から吹き,日本列島の気候に大きな影響を与える。

◆ 冬の季節風…大陸から日本海の上を通って日本列島に吹いてきて,日本海側に多くの ＿＿＿＿ を降らせる。

◆ 夏の季節風…太平洋から日本列島に吹いてきて,太平洋側に多くの ＿＿＿＿ を降らせる。

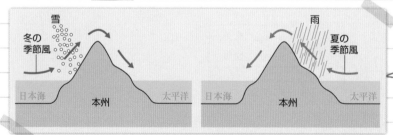

雪
冬の季節風
日本海 本州 太平洋

雨
夏の季節風
日本海 本州 太平洋

> 湿った空気が山地にぶつかり,その手前に雨や雪を降らせる。

★ 冬の季節風 (左) と夏の季節風 (右)

◎ ＿＿＿＿ …6〜7月ごろに続く長雨。北海道ではみられない。

◎ ＿＿＿＿ …夏から秋にかけて日本列島にやってくる,発達した熱帯低気圧。洪水や高潮などによる被害をもたらす。

(2)日本各地の気候

●大きく6つの気候区に分けることができる。

◆北海道の気候…夏でも涼しく，冬の寒さが厳しい。

◆日本海側の気候…　　　　　の降水量が多い。

◆太平洋側の気候…　　　　　は降水量が多く，　　　　　は乾燥して晴れの日が多い。

◆内陸(中央高地)の気候…年間を通して降水量が少なく，夏と冬の気温差が　　　　　い。

◆瀬戸内の気候…年間を通して降水量が　　　　　く，冬でも比較的温暖。

◆南西諸島の気候…冬でも温暖で，熱帯に近い亜熱帯(性)の気候に属する。

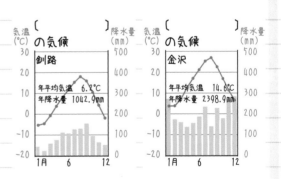

なぜ？

中央高地や瀬戸内で降水量が少ない理由は？
中央高地や瀬戸内は，周りの山地や山脈によって，夏と冬の季節風がさえぎられるため，降水量が少ない。

日本の気候区分と雨温図

✎〔　〕に当てはまる気候区の名を書きましょう。

北海道の気候

日本海側の気候

内陸
(中央高地)
の気候

太平洋側
の気候

瀬戸内
の気候

南西諸島の気候

日本列島は南北に長いので，南北でさまざまな気候がみられる。

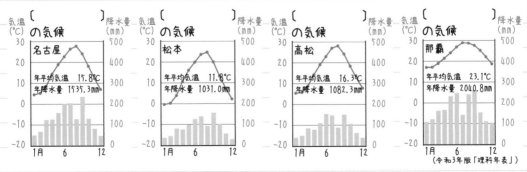

〔　　〕の気候　釧路　年平均気温　6.2℃　年降水量　1042.9mm

〔　　〕の気候　金沢　年平均気温　14.6℃　年降水量　2398.9mm

〔　　〕の気候　名古屋　年平均気温　15.8℃　年降水量　1535.3mm

〔　　〕の気候　松本　年平均気温　11.8℃　年降水量　1031.0mm

〔　　〕の気候　高松　年平均気温　16.3℃　年降水量　1082.3mm

〔　　〕の気候　那覇　年平均気温　23.1℃　年降水量　2040.8mm

(令和3年版「理科年表」)

55

21 自然災害

(1)地震や火山の噴火

◎地震…日本は環太平洋造山帯に含まれ, 地震が多い。

◆大きなゆれで建物が倒壊したり, 土砂崩れや地盤の
　　　　　　が発生したりする。

◆　　　　　　…海底が震源の場合などに発生し, 沿岸
部に押し寄せる。

◆とくに大きな被害をもたらした地震

・　　　　大震災(兵庫県南部地震)…1995
年, 淡路島北部が震源。神戸市などで大きな被害。

・　　　　大震災(東北地方太平洋沖地震)…
2011年, 三陸海岸沖が震源。大規模な津波が押し寄せた。

◎火山の噴火

◆火山灰や溶岩が噴出し, 耕地や集落に被害を与える。

◆　　　　　が発生することもある…噴火により, 高温の岩
や火山ガス, 火山灰などが高速で流れ下ること。

◆噴火が起こった主な火山
雲仙岳(普賢岳)(長崎県),　　　　　　(鹿児島県)
霧島山(鹿児島・宮崎県), 三宅島(東京都)
浅間山(群馬・長野県), 御嶽山(長野・岐阜県)など。

(国土交通省釜石港湾事務所提供)

★東日本大震災で東北地方を襲った津波(岩手県)

火山は噴火により被害を
もたらすいっぽうで, 美
しい景観や温泉などの
めぐみももたらす。

日本の周辺には, 地球
の表面を覆うプレート
の境界がいくつもある。
各プレートが押し合う
カによって, 地震が発
生しやすくなっている。

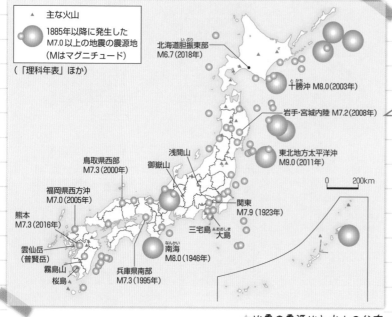

主な火山
1885年以降に発生した
M7.0以上の地震の震源地
(Mはマグニチュード)
(「理科年表」ほか)

北海道胆振東部
M6.7(2018年)
十勝沖 M8.0(2003年)
岩手・宮城内陸 M7.2(2008年)
浅間山
御嶽山
東北地方太平洋沖
M9.0(2011年)
鳥取県西部
M7.3(2000年)
福岡県西方沖
M7.0(2005年)
熊本
M7.3(2016年)
雲仙岳
(普賢岳)
霧島山
桜島
兵庫県南部
M7.3(1995年)
南海
M8.0(1946年)
三宅島
大島
関東
M7.9(1923年)
0　　200km

★地震の震源地と火山の分布

北アメリカプレート
ユーラシアプレート
太平洋プレート
フィリピン海プレート

(2)気象災害

◎大雨による被害

◆梅雨・　　　　　のときに集中豪雨による被害が出やすい。
（ばいう）

◆川のはんらん…日本の川は水量の変化が大きく，洪水が起
（こうずい）
こりやすい。

◆土砂災害…土砂崩れ，土石流など。斜面が崩れ，田畑や住宅
（どせきりゅう）（しゃめん）
に被害が出る。

台風のときは，強風や高潮による被害が出ることもある。

◎冷害

◆夏の低温や日照不足のために農作物が育たなくなること。

◆起こりやすい地域…北海道や　　　　　地方の太平洋側。

◆原因…夏に冷たい北東風の　　　　　が吹くことなど。
（ふ）

やませ
冷害

◎干害(干ばつ)
（かんがい かん）

◆雨が十分に降らず，農業用水や生活用水が不足するこ
と。瀬戸内など西日本で起こりやすい。
（せとうち）

◎雪害

◆雪崩や吹雪などによる被害。雪に慣れていない地域が大
（なだれ）（ふぶき）
雪にみまわれると，交通機関などに大きな混乱が出る。

★冷害が起こりやすい地域

(3)自然災害への備え

◎防災・減災の取り組み

◆自然災害による被害を防ぐ　　　　　，被害をできるだ
け抑える　　　　　の考え方に基づく。
（おさ）（もと）

◆大きな地震に備えて，津波避難タワーの設置，建物や橋
（ひなん）
の耐震工事，避難訓練などを行う。
（たいしん）（くんれん）

◆　　　　　マップ(防災マップ)…災害が起こりそう
な場所や被害の程度を予測して示した地図。

(ピクスタ)　★津波避難タワー

◎災害が起こったときの行動

◆　　　　　…国や地方公共団体による救助や支援。
（しえん）

◆　　　　　…自分の身や家族を自分自身で守る。

◆　　　　　…地域の人たちで力を合わせて助け合う。

22 日本の人口

(1)日本の人口分布

◎ 日本の人口

◆ 約1億2600万人(2019年)で世界有数。

◆ 明治時代以降,人口は増加を続けていたが,2009年以降は,

人口が ＿＿＿ 傾向にある。

> 190余りある世界の国の中で,日本の人口は11番目。

◎ 日本の人口分布

◆ ＿＿＿＿＿＿…ある国や地域の人口を面積で割った数値。

→都道府県別では東京都や大阪府などが高い。

◆ 山がちな日本では,平野や盆地に多くの人が住む。

◆ 東京,大阪,名古屋を中心とする ＿＿＿＿＿圏や

＿＿＿＿＿＿都市(札幌市,仙台市,広島市,福岡市など)に,

とくに人口が集中。

> ほかにも新潟市や岡山市などが発展。

★ 日本の人口密度と大都市

> 総人口の半数近くが三大都市圏に集中している。

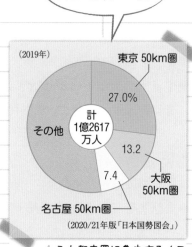

★ 三大都市圏に集中する人口

◎ ＿＿＿＿＿地域…人口や産業が集中しすぎた地域。

◆ 交通渋滞,大気の汚れや騒音,住宅不足やごみ処理場の不

足などの問題が発生。

◆ ＿＿＿＿＿＿現象…地価の上昇によって都心部の人口

が減り,郊外(ニュータウンなど)で人口増。

→近年は都心周辺で人口が増加(＿＿＿＿＿＿)。

> 用語 ニュータウンとは？
> 大都市の周りに計画的につくられた,住宅団地や市街地のこと。

◎ ＿＿＿地域…地域の人口が著しく減って，経済が衰え，地
域社会の維持が困難な地域。
◆農村や山間部，離島などでみられる。
◆学校の閉校や病院の閉鎖，交通機関の廃止などが問題。
◆若い人が都市部へ流出し，＿＿＿化が著しい。
◆Ｉターン(都市部→農村部)やＵターン(農村部→都市部→農
村部)で，農村部などへ移住する人も出てきた。

過疎地
若い人が
減ったなぁ…

(2)日本の人口構成

◎ ＿＿＿化…子どもの割合が減る少子化と，
高齢者の割合が増える高齢化が同時に進む。日本
は世界の中で高齢化が最も進んだ国の一つ。
→労働力が足りなくなったり，社会保障の費用を確
保できなくなったりする不安がある。

なぜ？
少子化と高齢化の背景
少子化は，仕事と子育ての
両立が困難なことなどから
出生率が低下したこと，高
齢化は，医療技術の発展な
どで平均寿命が伸びたこ
と，などが背景にある。

◎ ＿＿＿…国や地域の人口を男女別・
年齢別に表したグラフ。
→現在の日本は子どもの割合が低く，高齢者の割合が高い
＿＿＿型の人口ピラミッド。

日本の人口ピラミッドの変化

✎( )に当てはまる人口ピラミッドの型を書きましょう。

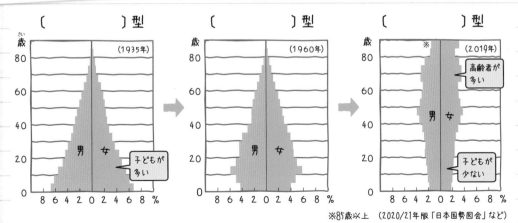

〔　　　　〕型　　〔　　　　〕型　　〔　　　　〕型
（1935年）（1960年）（2019年）
子どもが多い　　　　　　　　　　高齢者が多い
男　女　　　　男　女　　　　男　女
子どもが少ない
※85歳以上　(2020/21年版「日本国勢図会」など)

23 日本のエネルギー

(1)日本の資源

◎ ＿＿＿＿＿…エネルギー源や工業製品の原料となる鉱物。

◆日本は鉱産資源が乏しく，石油・石炭・鉄鉱石など主な資源のほとんどを輸入に頼っている。

　→日本は世界の中でもエネルギー自給率がとくに低い。

　→資源の安定確保のため，ロシアと力を合わせて，シベリアなどの石油や天然ガスの開発に取り組む。

◆資源の輸入先

・石油…＿＿＿＿＿＿＿やアラブ首長国連邦など西アジア諸国が大部分を占める。

・石炭…＿＿＿＿＿＿＿やインドネシア，ロシアなど。

・鉄鉱石…オーストラリアのほか，＿＿＿＿＿など。

> オーストラリアは石炭と鉄鉱石の最大の輸入相手国。

日本の鉱産資源の輸入先

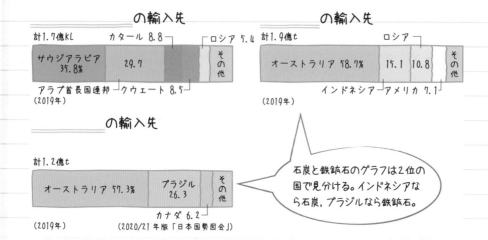

＿＿＿＿＿の輸入先

計1.7億kL　　　カタール 8.8　　ロシア 5.4

| サウジアラビア 35.8% | 29.7 | | その他 |

アラブ首長国連邦　クウェート 8.5
(2019年)

＿＿＿＿＿の輸入先

計1.9億t　　　ロシア

| オーストラリア 58.7% | 15.1 | 10.8 | その他 |

インドネシア　アメリカ 7.1
(2019年)

＿＿＿＿＿の輸入先

計1.2億t

| オーストラリア 57.3% | ブラジル 26.3 | その他 |

カナダ 6.2
(2019年)　　(2020/21年版「日本国勢図会」)

> 石炭と鉄鉱石のグラフは2位の国で見分ける。インドネシアなら石炭，ブラジルなら鉄鉱石。

(2)日本の電力

◎水力発電

◆1950年代ごろまでは日本の発電の中心。

◆水力発電所は，ダムを建設しやすい川の上流につくられる。

> 水が落ちる力を利用してタービンを回し，発電する。

◎火力発電

◆1960年代から日本の発電の中心になった。

◆火力発電所は，燃料の輸入に便利な臨海部で，電力需要の多い工業地域や大きな都市の近くにつくられる。

◆問題点…燃料に石油や石炭，天然ガスが使われ，発電時に　　　　　　　　を多く排出する。

→二酸化炭素は，　　　　　　　の原因となる温室効果ガスのひとつ。

(Cynet Photo)
★火力発電所

◎原子力発電

◆燃料は　　　　　。1970年代から発電量が増加。

◆問題点…事故の際に放射性物質がもれる危険性や，放射性廃棄物（はいきぶつ）の処理（しょり）の問題。

◆2011年の　　　　大震災（だいしんさい）によって，福島第一原子力発電所で事故→放射性物質が放出され，深刻（しんこく）な被害（ひがい）。

> 原子力発電の利用について見直しが進む。

(3)環境に配慮した取り組み

◎　　　　　エネルギー…枯渇（こかつ）する心配がなく，繰（く）り返し利用することができるエネルギー。環境（かんきょう）にやさしい。

> 二酸化炭素の排出量を減らし，地球温暖化を食い止めることにつながる。

◆　　　　発電…安定した風が得られる山間部などに立地。

◆太陽光発電…太陽光を利用。家庭や工場などでも利用できる。

◆地熱発電…地下の熱水や水蒸気（すいじょうき）を利用する。　　　　　の近くなどが適している。

◆　　　　　　　　…とうもろこしや家畜（かちく）のふんにょうなど動植物を利用した燃料。燃（も）やすなどして発電。

> 日本では，木材や生ごみなどの廃棄（はいき）物（ぶつ）を燃（も）やしたときの熱エネルギーを使って発電。

◎　　　　　な社会を目指す…省エネルギーの技術の活用やリサイクル，レアメタルの回収・再利用などの取り組み。

再生可能エネルギーによる発電

　　　　発電　　　　　　発電　　　　　　発電

(ピクスタ)　　(ピクスタ)　　(ピクスタ)

24 日本の農業

(1)産業の分類

◆ ＿＿＿＿＿産業…自然に直接はたらきかけて動植物を得る。

→農業,林業,水産業など。

◆ ＿＿＿＿＿産業…原材料の採掘・製品の生産→工業など。

◆ ＿＿＿＿＿産業…ものの流通やサービスに関係する産業。

→運輸業,商業,サービス業など。

(2)さまざまな農業

◎稲作…北海道や＿＿＿＿＿地方,北陸の新潟県など

は米の生産量が多く,日本の穀倉地帯。

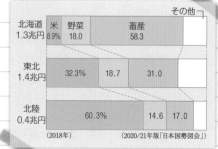

	米	野菜	畜産	その他
北海道 1.3兆円	8.9%	18.0	58.3	
東北 1.4兆円	32.3%	18.7	31.0	
北陸 0.4兆円	60.3%		14.6	17.0

(2018年) (2020/21年版「日本国勢図会」)

★地域別の農業産出額の割合

◎野菜栽培

◆ ＿＿＿＿＿農業…大都市の周辺で,大都市向けに野菜や花な

どを生産する農業。

→新鮮な作物を早く届けられる。輸送費が安い。

◆ ＿＿＿＿＿栽培…温暖な気候やビニールハウスなどを

利用して,ほかの産地よりも生育を早めて出荷する栽

培方法。宮崎平野や高知平野などでさかん。

→流通量が少ない時期に出荷でき,高く売れる。

◆抑制栽培…野菜や花などの生育を遅らせて出荷する。長野

県や群馬県で高原の涼しい気候をいかして高原野菜を栽培。

近郊農業

大都市

電照菊の栽培も抑制栽培のひとつ。(→85ページ)

◎果樹栽培

◆扇状地など水はけがよく,日当たりのよい土地でさかん。

◆みかん…温暖な気候の地域でさかん。

→ ＿＿＿＿＿県,愛媛県,静岡県,九州地方の各県。

◆りんご…涼しい気候の地域でさかん。

→ ＿＿＿＿＿県,長野県,東北地方の各県。

扇状地が広がる山梨県の甲府盆地は,ぶどうとももの日本一の産地となっている。

◎畜産…農業産出額が最も多い。

◆乳牛の飼育…北海道のほか,栃木県や岩手県などでさかん。

→乳牛を飼育し,乳製品を生産する農業を＿＿＿＿＿という。

◆ ＿＿＿＿＿の飼育…北海道や鹿児島県・宮崎県でさかん。

◆ ＿＿＿＿＿の飼育…鹿児島県・宮崎県や関東地方の県でさかん。

各地でさかんな農業　✎〔　〕に当てはまる農業名や農産物名を書きましょう。

〔　　　〕栽培

〔　　　〕・もも栽培

〔　　　〕栽培

〔　　　〕の飼育

〔　　　〕農業

野菜の〔　　　〕

〔　　　〕栽培

〔　　　〕・豚の飼育

> 牛の飼育は,広い牧草地のある北海道や九州地方でさかん。

(3)日本の農業の特色

◎外国と比べた日本の農業

◆耕地は狭いが,単位面積あたりの収穫量が　　　い。

→肥料を効果的に使い,機械化も進んでいるため。

◆生産費が　　　い…アメリカ合衆国のような大規模な企業的農業に比べ,経営規模が小さいため。

> 生産費が高いと価格が高くなり,安い輸入農産物との競争に不利。

◎農家の変化

◆農業人口が減少し,若いあと継ぎが不足。

→働く人の　　　　化が進む。

◎　　　　　　…国内で消費する食料のうち,国内で生産する分でまかなえる割合。

◆日本の食料自給率は37%(2018年)で,先進国の中でも,とくに低い。

◆背景…近年,貿易の自由化が進み,安い農産物が多く輸入されるようになった。

◆とくに自給率が低い農産物…パンなどの原料の　　　や,みそやとうふなどの原料の　　　など。

◆　　　…ほぼ自給できるが,近年は輸入も。

> 肉類,くだもの,野菜の自給率が大きく下がっている。

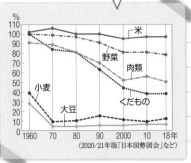

★日本の食料自給率の変化

(2020/21年版「日本国勢図会」など)

63

25 日本の林業・水産業

(1)日本の林業

◉日本の森林

◆国土面積の約３分の　　　が森林で,昔から林業がさかん。

◆森林の約４割を人工林が占める。すぎやひのきが中心。

→紀伊山地の吉野すぎや尾鷲ひのきなどが有名。

> 紀伊山地は温暖で降水量が多く,木の生育に適している。

◉森林のはたらき

◆空気をきれいにする…二酸化炭素を吸収し,酸素をつくる。

→　　　　　化の防止につながる。

◆「　　　　のダム」の役割をもつ…雨水を蓄えて少しずつ流し出すはたらきがある。

◆災害を防ぐ…根で土を支え,土砂崩れを防ぐ。

森林のはたらき

空気がおいしい～

◉林業の仕事

◆下草刈り…植林ののち,雑草を刈りとる。

◆枝打ち…使いやすい木材にするため,余分な枝を切る。

◆　　　　　…日光が届くように,周りの弱っている木を切る。

◆働く人が減少…若い人が減り,　　　　化が進んでいる。

◉木材自給率の変化

◆木材の輸入自由化で木材自給率は大きく低下したが,近年は高品質の国産木材の見直しが進んでいる。

◆木材の輸入先…　　　　　・アメリカ合衆国・ロシアなど針葉樹が豊富な国や,マレーシアなど熱帯林が豊富な国。

	国産木材	輸入木材
1960年	国産木材 89.2%	
1980年	32.9	
2000年	18.9	
2010年	26.3	
2018年	36.6	

(2020/21年版「日本国勢図会」ほか)

★日本の木材自給率の変化

(2)日本の水産業

◉日本近海は豊かな漁場

◆寒流と暖流に乗ってやってくる魚が多く集まる。

◆　　　　　　が広がる…陸地周辺の深さが200mくらいまでの浅くて平らな海底。魚のえさとなるプランクトンが豊富。

◆　　　　　　　…　　　　　海岸沖など,寒流と暖流が出合うところ。プランクトンが豊富でよい漁場。

水揚げ量が多い漁港

🖊（　）に当てはまる漁港名を書きましょう。

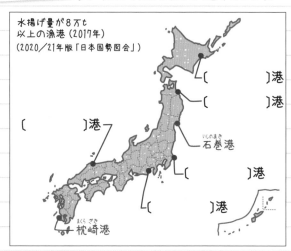

水揚げ量が8万t
以上の漁港（2017年）
（2020／21年版「日本国勢図会」）

石巻港

枕崎港

水揚げ量の多い漁港は北海道や東北地方の太平洋側などに多い。東北地方の太平洋側に広がる三陸海岸の漁港は，東日本大震災で大きな被害を受けた。

● 漁業の種類

◆ ＿＿＿漁業…陸地に近い海域で，小型の船で行う。

◆ ＿＿＿漁業…陸地から離れた沖合で，中型の船で行う。

◆ ＿＿＿漁業…陸地からさらに遠く離れた海域で，大型の船で行う。1年以上かけて漁をすることもある。

◆ ＿＿＿業…いけすなどの人工的な施設で，魚や貝を大きくなるまで育てて出荷する。

◆ ＿＿＿漁業…卵からかえして育てた稚魚や稚貝を海などに放流し，成長してからとる。

途中で放流しないのが養殖業，途中で放流するのが栽培漁業。

● 漁獲量の変化と課題，取り組み

◆ 世界各国が排他的経済水域を設定して他国の漁業を制限。また，日本の近くの海で不漁となる。

→ ＿＿＿漁業や沖合漁業の漁獲量が減少。魚介類の輸入量が増加。

◆ ＿＿＿業や栽培漁業などの育てる漁業に力を入れたり，魚介類の資源管理に取り組んだりしている。

遠洋漁業と沖合漁業の漁獲量が大きく減っていることがわかる。

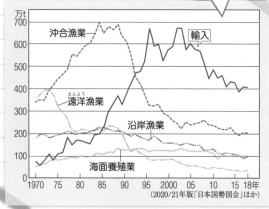

★ 漁業種類別漁獲量と輸入量の変化

26 日本の工業・第三次産業

(1)工業の発達している地域

◉ 臨海型の工業地域

◆ 発達した理由… ＿＿＿＿ や燃料の輸入, ＿＿＿＿ の出

荷に便利なため。輸入資源に頼る石油化学工業・鉄鋼

業などが発達。

◆ ＿＿＿＿＿＿＿ に工業が集中…関東地方から九州地

方北部にかけての沿岸部とその周り。

太平洋ベルト

◆ 早くから工業が発達した地域… ＿＿＿＿工業地帯・阪神

工業地帯・京浜工業地帯・北九州工業地域(地帯)。

◆ 第二次世界大戦後に発達した工業地域… ＿＿＿＿・

東海・京葉工業地域など。

◉ 内陸型の工業地域

◆ 発達した理由…高速道路などの交通網が整備され, 部品や

製品の輸送が便利になったため。

→ 自動車などの組み立て型の工業が発達。

→ IC(集積回路)などの ＿＿＿＿＿＿＿ や情報通信機械な

どの生産もさかん。

◆ ＿＿＿＿＿＿ …広い土地を利用し, 多くの工場が集まって

いる地域。高速道路や空港の周辺に進出。

| 主な工業地帯・工業地域 |

✏ 〔 〕に当てはまる工業地帯・地域名を書きましょう。

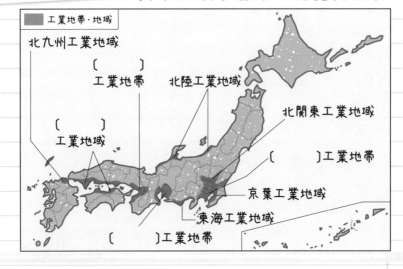

(2)工業の変化

◆日本は原料を輸入して優(すぐ)れた工業製品を生産し,それを輸出
する　　　　　貿易で工業を発展させてきた。

◆第二次世界大戦後,軽工業から重化学工業中心に変化。

◆近年は,先端技術(ハイテク)産業が発展。

○日本企業(きぎょう)の海外進出

◆1980年代以降,　　　　　　　　　　・ヨーロッパなどに
進出…貿易摩擦(まさつ)を解消するため,現地に建設した工場で自
動車や電気製品などを直接生産。

◆アジアへの工場移転が進む…労働力が豊富で,
賃金(ちんぎん)が　　　　　い東南アジアや中国(ちゅうごく)などへ。
日本企業は多国籍(たこくせき)企業として各地へ進出。
→日本国内の産業が衰える,産業の　　　　化
が進んだ。

> 日本の輸出が増えす
> ぎて貿易摩擦が起こ
> り,アメリカ合衆国
> などが輸出規制を
> 要求した。

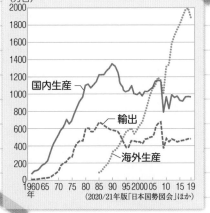

★日本の自動車国内生産・輸出と日本メー
カーの海外生産

(3)日本の第三次産業

○第三次産業(商業やサービス業など)の発展

◆日本では第　　　　次産業で働く人が7割超(ちょう)。

◆三大都市圏(けん)のほか,観光業がさかんな北海道や
沖縄県は第三次産業で働く人の割合が高い。

○商業・サービス業の変化

◆さまざまな商業…生活スタイルの変化とともに多様化。
→郊外(こうがい)のショッピングセンターやコンビニエンススト
ア,インターネットショッピングなどの電子商取引。

◆問題点…大型店が成長した反面,古くからの商店街などで
閉店(へいてん)が増えている。

○社会の変化と新しいサービス業

◆　　　　　　　　　　　産業…インターネットの普及(ふきゅう)で
成長。三大都市圏などに企業が集まっている。

◆少子高齢化(こうれいか)の進展によって,介護(かいご)サービスなどを行う医
療(りょう)・　　　関係のサービス業が成長。

> アニメやゲームな
> どを制作するコン
> テンツ産業も規模(きぼ)
> が拡大している。

67

27 日本の交通・通信

(1)交通による結びつき

◎交通網の発達

◆1960年代を中心とする高度経済成長期から, 高速道路や新幹線などの＿＿＿＿＿網が整備された。

→国内の主な都市間の移動時間が大きく短縮。

◆問題点…過疎(化)が進む地域では鉄道やバス路線が廃止され, 社会生活の維持が困難になっている。

◆世界各地と結ぶ航空路線も整備され, 訪日外国人が増加。成田国際空港などは＿＿＿＿＿空港としての役割。

> 近距離移動では鉄道や自動車, 中距離移動では新幹線, 長距離移動では航空機が利用されることが多い。

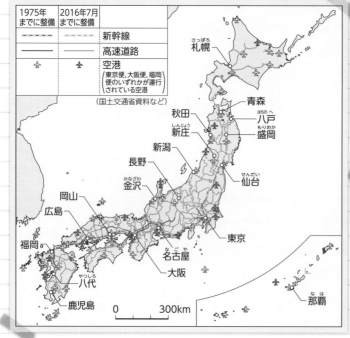

1975年までに整備	2016年7月までに整備	
━━━	┈┈┈	新幹線
───	───	高速道路
✈	✈	空港 (東京便, 大阪便, 福岡便のいずれかが運行されている空港)

(国土交通省資料など)

札幌 青森 秋田 八戸 新庄 盛岡 新潟 長野 仙台 金沢 岡山 広島 福岡 名古屋 大阪 東京 八代 鹿児島 那覇

0　　300km

★ 高速交通網の発達

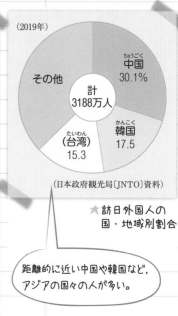

(2019年)

その他 ／ 中国 30.1% ／ 韓国 17.5 ／ (台湾) 15.3

計 3188万人

(日本政府観光局〔JNTO〕資料)

★ 訪日外国人の国・地域別割合

> 距離的に近い中国や韓国など, アジアの国々の人が多い。

◎自動車輸送の特色

◆貨物・旅客輸送とも, 輸送手段の中心。

◆内陸の工業の発達にも大きな役割…高速道路のインターチェンジ付近に＿＿＿＿＿や流通団地が多く進出。

◆問題点…二酸化炭素(CO_2)の排出が地球温暖化の原因の一つになっている。

→環境にやさしい鉄道や船での輸送に切り替えるモーダルシフトを進める。

★ 高速道路沿いの工業団地

(Cynet Photo)

◉海上輸送(船)の特色

　◆重い貨物や体積が大きい貨物の大量輸送
　に適している。輸送費は安いが時間がかか
　る。

　　→　＿＿＿＿＿や石炭などの原材料や
　鉄鋼・自動車などの工業製品を輸送。

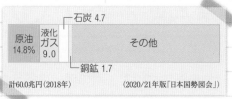

原油 14.8%	液化ガス 9.0	石炭 4.7	その他
		銅鉱 1.7	

計60.0兆円(2018年)　　　(2020/21年版「日本国勢図会」)

★日本の海上貨物(輸入品)の内訳

◉航空輸送の特色

　◆軽量で高価な貨物や新鮮さが大切なもの
　の輸送に適している。遠くまで速く運ぶこ
　とができるが,輸送費が高い。

　　→　　　　　　　　　や野菜・魚
　介類,生花などを輸送。

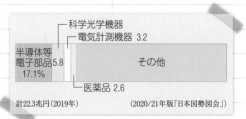

半導体等電子部品5.8 17.1%		科学光学機器 電気計測機器 3.2	その他
		医薬品 2.6	

計22.3兆円(2019年)　　　(2020/21年版「日本国勢図会」)

★日本の航空貨物(輸出品)の内訳

日本の国内輸送の割合の変化

✎( )に当てはまる輸送手段を書きましょう。

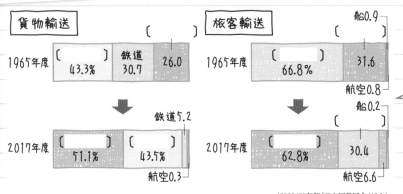

貨物輸送

1965年度 [　43.3%　] 鉄道 30.7 [26.0]

2017年度 [　51.1%　] [　43.5%　] 鉄道5.2 航空0.3

旅客輸送

1965年度 [　66.8%　] [31.6] 船0.9 航空0.8

2017年度 [　62.8%　] [30.4] 船0.2 航空6.6

(2020/21年版「日本国勢図会」ほか)

貨物輸送では,高速道路の整備によって,自動車の割合が大きく増加した。

(2)通信による結びつき

◉高速(情報)通信網の発達

　◆通信ケーブルや通信衛星が整備され,世界各地の人々と大
　量の情報を高速でやりとりできるようになった。

　◆国内でも　　　　　　　　　の普及が進み,通信販売の利
　用が一般的になった。遠隔医療なども可能になった。

　◆ICT(情報通信技術)の発達で生活は便利になったが,それ
　を利用できるかできないかで　　　　　　　がある。

確認テスト④

/100

●目標時間：３０分　●１００点満点　●答えは別冊23ページ

1 地形図について，次の問いに答えなさい。　<７点×２>

(1) ５万分の１地形図上で，４cmの長さの実際の距離は何mですか。次の**ア〜エ**から１つ選び，記号で答えなさい。

ア 100 m　　**イ** 200 m　　**ウ** 1000 m　　**エ** 2000 m　　〔　　　〕

(2) 地形図上で，等高線の間隔が狭くなっているところの土地の傾斜は急ですか。それとも緩やかですか。　　〔　　　　　　　〕

2 右の地図を見て，次の問いに答えなさい。　<７点×２>

(1) 地図中の**ア〜エ**の山地，山脈から日本アルプスに含まれる険しい山脈を１つ選び，記号で答えなさい。

〔　　　〕

重要 (2) 地図中の**A〜C**の海岸には，いずれも湾と岬が複雑に入り組んだ海岸地形がみられます。この海岸地形を何といいますか。

〔　　　　　　　〕

3 次の雨温図と地図を見て，あとの問いに答えなさい。　<(1)は10点，その他６点×２>

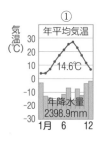 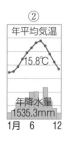 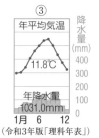

（令和3年版「理科年表」）

(1) 雨温図の①〜③は，地図中の**A〜D**のいずれかの都市のものです。①の雨温図で冬の降水量が他の都市に比べて多くなっている理由を，「季節風」の語句を使って簡潔に説明しなさい。

〔　　　　　　　　　　　　　　　　　　　　　　　　　　　　　　　　　　　〕

(2) ②・③の雨温図に当てはまる都市を地図中の**A〜D**から１つずつ選び，記号で答えなさい。

②〔　　　〕③〔　　　〕

4 右の日本の人口ピラミッドを見て，次の問いに答えなさい。 <7点×2>

(1) **ア〜ウ**の人口ピラミッド（年齢
階級別人口構成）は，1935年，
1960年，2019年のいずれかのも
のです。このうち1935年のものを
選び，記号で答えなさい。

〔　　　　　〕

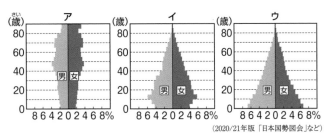

(2020/21年版「日本国勢図会」など)

(2) 近年，日本では，出生率が低下するとともに平均寿命が伸び，高齢者の割合が増えています。
このような現象を何といいますか。**漢字5字**で答えなさい。 〔　　　　　　　　〕

5 次の問いに答えなさい。 <6点×6>

(1) 次の文を読んで，あとの問いに答えなさい。

> 日本では，近年，各地で野菜や花などの園芸農業が発達している。とくに関東地方などでは
> **A**大都市に近い利点をいかした農業がさかんで，**B**温暖な地域や夏でも冷涼な地域では，それ
> ぞれの気候をいかして他の産地と時期をずらした生産が行われている。

① 下線部**A**の農業のことを何といいますか。 〔　　　　　　　　〕

重要 ② 下線部**B**の地域などでは，作物の生育を早め，他の産地より早い時期に出荷しています。
このような栽培方法を何といいますか。 〔　　　　　　　　〕

(2) 次の**A〜D**の文を読んで，あとの問いに答えなさい。

> **A** 日本は資源が乏しく，石炭や鉄鉱石などの主な資源のほとんどを輸入に頼っている。
> **B** 　　　　漁業は，卵からかえして育てた稚魚や稚貝を海などに放流し，成長してからとる。
> **C** 現在，日本国内の貨物輸送・旅客輸送の中心は，どちらも　　　　輸送である。
> **D** 関東地方から九州地方北部にかけての沿岸部とその周りに工業地帯・地域が集中している。

① **A**の下線部について，石炭と鉄鉱石の最大の輸入相手国を次の**ア〜エ**から1つ選び，記
号で答えなさい。

ア オーストラリア　　**イ** アメリカ合衆国　　**ウ** 中国　　**エ** サウジアラビア

〔　　　　　〕

② **B**，**C**の文の　　　　に当てはまる語句をそれぞれ答えなさい。

B〔　　　　　　　　〕　**C**〔　　　　　　　　〕

③ **D**の下線部の地域を何といいますか。 〔　　　　　　　　〕

No.

28 九州地方①

(1)地形

◎山地

◆中央に険しい 　　　　山地,北部に低い筑紫山地。

◆阿蘇山,雲仙岳, 　　　　島(御岳),霧島山など火山が多い。

◆阿蘇山には世界最大級の 　　　　　　がある…噴火により頂上部が陥没するなどしてできた大きなくぼ地。

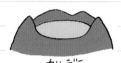

カルデラ

◎火山の噴火による被害と火山のめぐみ

◆噴火で火山灰を降らせたり,火砕流を発生させたりする。

◆美しい自然や近くの温泉は観光資源になる。

◆地下の熱を 　　　　　発電に利用。八丁原(大分県)など,九州地方には地熱発電所が多い。

> ほかにも,太陽光発電やバイオマス発電など再生可能エネルギーの活用が進む。

◎島々が多い

◆北部に対馬,五島列島,南部に南西諸島など。

◆ 　　　　　島…豊かな自然が残り,世界自然遺産に登録されている。樹齢1000年超のすぎが有名。

◎平野と台地

◆北部に 　　　　　平野…筑後川が流れ,有明海に注ぐ。

◆九州南部に 　　　　　台地…火山の噴出物が厚く積もった台地。

(ピクスタ)　★屋久島の縄文すぎ

九州地方の地形

✎〔 〕に当てはまる地名を書きましょう。

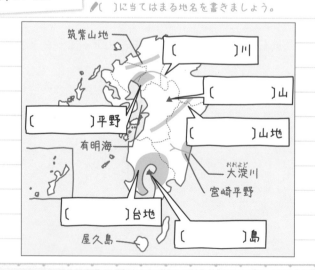

筑紫山地

〔 　　　〕川

〔 　　　〕山

〔 　　　〕山地

〔 　　　〕平野

有明海

大淀川

宮崎平野

〔 　　　〕台地

屋久島

〔 　　　〕島

> 注意!
>
> 川は筑後(筑後川),平野と山地は筑紫(筑紫平野,筑紫山地)。

(2)気候と自然災害

- ◎気候と自然災害
  - ◆近海を流れる暖流の影響で，冬でも比較的温暖な気候。
  - ◆南西諸島は一年を通じて暖かく，海にはさんご礁が発達。
  - ◆梅雨や　　　　　　の時期に集中豪雨となり，洪水や土砂崩れ，土石流などが発生して被害が出ることがある。

黒潮（日本海流）と対馬海流の二つの暖流が流れる。

- ◎災害対策
  - ◆火山による災害の対策…避難訓練や，噴火で被害が出る地域を予測した　　　　　　　　マップの作成。
  - ◆土石流などの被害を防ぐための砂防ダムの建設。

土石り
砂防ダム

(3)農業・水産業

- ◎筑紫平野の農業…有明海を干拓して農地を広げた。
  - ◆九州地方を代表する米の産地。いちごの生産もさかん。
  - ◆昔から米と小麦・大麦などの　　　　　　作がさかん。

- ◎宮崎平野の農業…施設園芸農業が行われている。
  - ◆野菜の　　　　　　栽培がさかん…ビニールハウスなどで生育を早め，ほかの産地より早い時期に出荷する農業。
  - ◆きゅうりやピーマンなどの生産が多い。

ビニールハウス

- ◎九州南部の農業…シラス台地が広がる。
  - ◆畑作がさかん…火山灰などで水もちが悪いため，かつては　　　　　　の栽培が中心➡かんがい設備の整備などによって現在は野菜や茶などの生産が多い。
  - ◆畜産…肉牛・豚・肉用にわとりの飼育がさかん。

かごしま黒豚やみやざき地頭鶏など，ブランド化を進める。

- ◎水産業
  - ◆九州の西にある東シナ海には大陸棚が広がり，好漁場となっている。
  - ◆日本最大の干潟が広がる有明海では，のりの養殖がさかん。

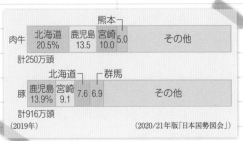

肉牛	北海道 20.5%	鹿児島 13.5	宮崎 10.0	熊本 5.0	その他

計250万頭

豚	鹿児島 13.9%	宮崎 9.1	北海道 7.6	群馬 6.9	その他

計916万頭
(2019年)　　　　　　　　　　　(2020/21年版「日本国勢図会」)

★ 肉牛と豚の飼育頭数の割合

29 九州地方②

(1)都市と工業

◉九州地方の中心都市と工業地域

◆＿＿＿＿＿市…九州地方の地方中枢都市で, 政府の出先機関や企業の支社が集まる。中国や韓国から多くの人が訪れる。

> 大陸から近く, 古くから交流がさかんで, 港町として発展。

◆＿＿＿＿＿工業地域(地帯)…明治時代, 北九州市に官営の八幡製鉄所が建設されて以来, 鉄鋼業を中心に発達。

・発達した理由…近くに＿＿＿＿＿炭田があり, 石炭が豊富だったこと, 鉄鉱石の輸入先だった中国に近いことなど。

・第二次世界大戦後, 地位低下…1960年代のエネルギー革命などが原因。

→エネルギー源の中心が石炭から＿＿＿＿＿にかわり, 石炭産地に近い利点が失われた。

◉近年の工業の変化

◆＿＿＿＿＿(集積回路)や自動車を生産する機械工業が発展。

→IC工場は空港付近などに, 自動車工場は高速道路のインターチェンジ付近などに立地。

> 九州は, シリコンアイランド, カーアイランドなどと呼ばれることもある。

(2)環境問題と環境保全

◉北九州市の公害

◆1960年代, 工場からのけむりや排水によって大気汚染や洞海湾の水質汚濁が進んだ。

◆環境の改善…現在は＿＿＿＿＿タウンに選定され, リサイクル工場や環境を研究する企業・大学の施設が集中。

◆＿＿＿＿＿可能な社会の実現を目指す…将来世代の発展を考え, 環境保全と開発を両立させる社会。

（朝日新聞社 / Cynet Photo）　★ 北九州市の環境の変化

◉＿＿＿＿＿病

◆熊本県水俣市周辺で発生。化学工場の排水に含まれていたメチル水銀で海が汚染された。

◆四大公害病…水俣病のほかにイタイイタイ病, 四日市ぜんそく, 新潟水俣病。

◆公害の克服…市や住民などの取り組みが進み、環境問題の改善に積極的に取り組む環境　　　　　都市やエコタウンに選定。

(3)沖縄県の環境と暮らし

◎自然と暮らし，文化

◆台風の被害(ひがい)が大きい…強風に備えて、屋根のかわらをしっくいで固めたり、周りを　　　　　のへいで囲んだりした伝統的な住居がみられる。

◆かつて　　　　王国が栄え、独自の文化が発達。
→首里城(しゅりじょう)、三線(さんしん)、組踊(くみおどり)、エイサーなど。

(JSフォト)
★沖縄県の伝統的な住居

◎産業と課題

◆　　　　　　　　の生産…日照りや台風に強い。

◆パイナップルや菊(きく)、マンゴーも生産量が増加。

◆観光業と環境問題…リゾート開発などのために海が汚れ、　　礁の破壊(しょう はかい)が進んでいる。

◆アメリカ軍の基地が多い…日本にあるアメリカ軍基地の約4分の3が沖縄県にある。

> 収益(しゅうえき)の多い花やくだものは、航空機を使って東京などへ出荷している。

九州地方の環境問題

✎[　]に当てはまる地名や語句を書きましょう。

[　　　]市
大気汚染や水質汚濁が発生

[　　　]病が発生

[　　]島
たびたび噴火(ふんか)し、火山灰(かざんばい)が降って農業や生活に被害

沖縄県
[　　　]礁の破壊が問題

[　　]島
世界自然遺産(いさん)の保全と観光の両立が課題

> 火山灰土のシラス台地は、大雨が降るとがけ崩れ(くず)が起こりやすい。

　　　　　　　　　　　　　　　　　　　　　　　　　　No.

30 中国・四国地方①

(1)地形

◉二つの山地と地域区分

◆山地…中国地方になだらかな中国山地,四国地方に険しい
四国山地。

◆三つに分かれる地域

・_____…中国山地の北の日本海側。

・_____…中国山地と四国山地にはさまれた瀬戸内
海に面した地域。

> 中国地方の中国山地より南の瀬戸内海側は山陽という。

・南四国…四国山地の南の太平洋側。

◉瀬戸内の地形

◆瀬戸内海は多くの小島があり,古くから重要な交通路。

◆岡山平野,讃岐平野,広島平野など,小規模な平野が多い。

> 平野部にある広島市や岡山市,高松市などに人口が集中。

中国・四国地方の地形と地域区分

✎ ( )に当てはまる地名を書きましょう。

> 三つの地域は,中国山地と四国山地が境になっている。

日本海
鳥取平野
鳥取砂丘
山陰
[　　　]山地
岡山平野
広島平野
瀬戸内
南四国
[　　　]山地
[　　　]平野
太平洋

(2)気候

◉山陰

冬は北西の季節風の影響で_____や雨の日が多い。

◉瀬戸内

◆年間降水量が少なく冬も比較
的温暖…夏・冬とも季節風が
山地にさえぎられるため。

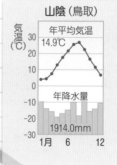
山陰(鳥取)
年平均気温 14.9℃
年降水量 1914.0mm

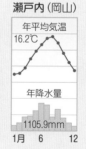
瀬戸内(岡山)
年平均気温 16.2℃
年降水量 1105.9mm

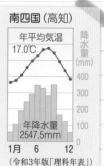
南四国(高知)
年平均気温 17.0℃
年降水量 2547.5mm

気温(℃)　降水量(mm)
1月 6 12

(令和3年版「理科年表」)

★ 山陰・瀬戸内・南四国の雨温図

◆水不足に悩(なや)まされた＿＿＿＿＿平野では,昔から多くのため

池を利用し,農業用水を確保。

→現在は香川用水を利用。

◉南四国

◆夏の南東の季節風や台風の影響で雨が多い。

◆一年を通じて＿＿＿＿＿＿＿の影響で温暖。

(3)農業と水産業

◉南四国の農業

◆高知平野は,かつては米の二期作が

さかん…温暖な気候をいかし,1年に

米を2度つくる。

◆現在は野菜の＿＿＿＿＿栽培(さいばい)が中心。

・温暖な気候をいかし,ビニールハウスなどで栽培。

→とくに＿＿＿＿やピーマン・きゅうりの生産が多い。

・ほかの産地より早い時期(冬から春)に出荷でき,高い値

段で売れるので有利。保冷トラックで各地の市場へ。

なす 30.0万t
- 高知 13.1%
- 熊本 10.6
- 群馬 8.6
- 福岡 7.0
- その他

ピーマン 14.0万t
- 茨城 23.8%
- 宮崎 18.9
- 高知 9.6
- 鹿児島 9.0
- その他

(2018年) (2020/21年版「日本国勢図会」)

★なすとピーマンの生産量割合

◉瀬戸内の農業

◆愛媛県で＿＿＿＿＿栽培…日当たりのよい斜面(しゃめん)でさかん。

→伊予(いよ)かんやデコポンなどのかんきつ類も生産。

◆広島県で＿＿＿＿＿,香川県の小豆島(しょうどしま)でオリーブ,岡山県

でぶどう・ももの生産がさかん。

愛媛県の
みかん栽培

瀬戸内海

◉山陰の農業

◆鳥取平野の果樹栽培…＿＿＿＿＿の栽培がさかん。

◆鳥取砂丘の開発…防砂林(ぼうさりん)やかんがい設備を整備し,砂地に

適したらっきょう・すいか・メロンなどを栽培。

◉水産業

◆瀬戸内海沿岸で養殖業(ようしょく)がさかん…広島県の広島湾(わん)で

＿＿＿＿＿,愛媛県の宇和海(うわかい)でぶりやたいなど。

◆山陰の漁業…境港(さかいこう)は全国有数の水揚(あ)げ量を誇(ほこ)る。

> 海岸線が複雑に入
> り組んでいて水面
> がおだやかなの
> で,養殖に適して
> いる。

77

31 中国・四国地方②

(1)工業

- ○　　　　　　　工業地域の発展

　◆発達した背景…原料の輸入や製品の輸送に
　便利で, 塩田のあと地や広い埋め立て地を工
　業用地として利用できた。

　◆1960年代以降, 瀬戸内海沿岸に工場の進出が
　続き, 石油化学工業や鉄鋼業などの大規模な
　臨海工業地域を形成。

★瀬戸内工業地域の主な工業都市

- ◎主な工業

　◆石油化学工業…　　　　　市の水島地区(岡山県)や周
　南市(山口県)などに石油化学コンビナートが発達。

　◆鉄鋼業…　　　　市(広島県), 倉敷市水島地区など。

　◆自動車工業…広島市とその周辺など。

> 石油化学コンビナートでは, 石油関連の工場が結びついて効率よく生産している。

(2)中国・四国地方最大の都市・広島

　◆城下町として発展。第二次世界大戦末期の1945年8
　月6日に　　　　　　　　　が投下され, 大きな
　被害を受けた。

　◆現在, 平和記念都市として世界平和を訴えている。
　→原爆ドームはユネスコの
　　　　　に登録されている。

★原爆ドーム

　◆地方　　　　　　都市…中国・四国地方の政治・経済の中心都
　市。政令指定都市でもある。

> 原子爆弾の爆心地付近の建物が当時のままの姿で保存されている。

(3)交通網の発達

- ○　　　　　　　橋

　◆本州と四国を道路と鉄道で結んでいる。

　◆三つのルート…児島(倉敷)—坂出ルート(　　　　　大橋),
　神戸—鳴門ルート(明石海峡大橋など), 尾道—今治ルート
　(しまなみ海道)。

　◆開通による変化…四国—本州間の通勤・通学者が増加。本
　州の大都市に人が吸い寄せられるストロー現象がみられ
　る。フェリーの利用者が減り, 多くの航路が廃止される。

> 本州の大都市へ買い物に行く人が増え, 地方都市の中には経済が落ち込んでしまったところもある。

●高速道路の整備
　◆中国地方の東西を結ぶ　　　　　　自動車道や山陽自動車道,
　南北を結ぶ米子自動車道,浜田自動車道など。
　◆影響…工場の誘致が進み,沿線に,多くの工場が集まる工
　業団地や流通センターもつくられた。
　　　→工業が発達し,住宅地ができて人口が増加した地域もあ
　　　る。

大都市に出なくても地元の工場で働けるようになったよ

中国・四国地方の主な交通網

✎( )に当てはまる都市名を書きましょう。

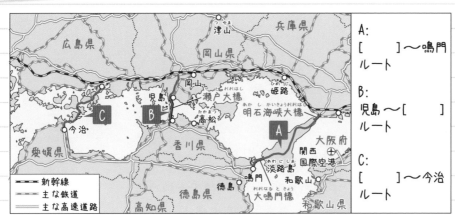

A:
[　　]～鳴門
ルート

B:
児島～[　　]
ルート

C:
[　　]～今治
ルート

(4)人口が減少している地域

● 　　　　　　化が進行
　◆人口が著しく減り,社会生活が困難になっている。山間部
　や離島で目立つ。→耕作放棄地も拡大。
　◆原因…若い人を中心に,仕事を求めて都市に移り住む人
　が後を絶たない。
　　　→このため,地域の　　　　化が進んでいる。

● 過疎地域の取り組み
　◆町おこし・村おこし(地域おこし)…観光資源や特産品
　などをいかし,地域を活性化させる試み。
　　　→地産地消を推進したり,特産品をさまざまな製品に加
　　　工してインターネットで販売したりしている。

高齢者の割合がとても高い。

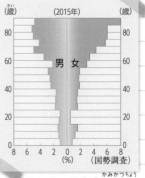
★過疎地域の徳島県上勝町の人口ピラミッド

地産地消とは,地域の生産物を,その地域で消費すること。

32 近畿地方①

(1)自然

◉地形

◆北部…中国山地や丹波高地などのなだらかな山地。

　　　　湾岸は複雑に入り組んだリアス海岸。

◆中央部…京都盆地や奈良盆地,大阪平野や播磨平野などの

　　　　盆地・平野があるが,小規模。

◆南部…紀伊半島に険しい　　　　　　山地が連なる。志摩半島

　　　にリアス海岸がみられる。

◉気候

◆北部…冬は北西の　　　　　　　　の影

　　　響で雪や雨が多い。

◆中央部…大阪湾岸は瀬戸内の気候

　　　で,降水量が少ない。内陸の盆地は

　　　夏と冬の気温差が大きい。

◆南部…夏は南東の季節風の影響で雨

　　　が多い。とくに紀伊半島の南東部は日本有数の多雨地域。

　　　沿岸は　　　　　　　　　　の影響で冬も温暖。

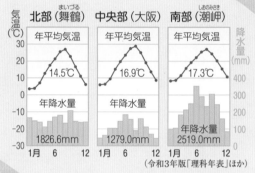

★近畿地方の各地の雨温図

紀伊山地の南の潮岬
はとくに降水量が多い。

(2)琵琶湖の役割と環境

◆　　　　　　は日本最大の湖で,滋賀県の面積の約6分の1を

占める。ラムサール条約にも登録されている。

◆近畿地方の水がめ…琵琶湖から流れ出る　　　　　　　

などの水系は,各府県に飲料水や工業用水を供給している。

◉環境問題

◆湖水の汚れ…生活排水や工場廃水が原因で富栄養化が進

　　む。

◆(淡水)　　　　　が発生…水質悪化のため,プランクトンが

　大量発生し,水が赤くそまって見える現象。

　→魚が窒息死し,水産業に被害を与える。

くるしい!

赤潮

◆対策…工場廃水を規制するとともに,家庭でリンを含む合

　成洗剤の使用を禁止した。ヨシ群落を復元する取り組みも。

近畿地方の地形

🖉〔　〕に当てはまる地名を書きましょう。

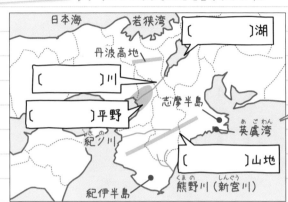

英虞湾では真珠の養殖，日本海側ではズワイガニの水揚げがさかん。

(3)農林業

◉農業

◆大都市周辺で　　　　農業…大都市向けに野菜や花を生産。京都では，京野菜と呼ばれる伝統野菜を栽培。

◆和歌山県で　　　栽培…海沿いの日当たりのよい山の斜面でさかん。かき・うめの生産も多い。

★みかんの生産量の割合

その他　和歌山 20.1%　静岡 14.8　愛媛 14.7　熊本 11.7　長崎 6.4　(2018年)　77.4万t　(2020/21年版「日本国勢図会」)

◉林業

◆紀伊山地は全国有数の林業地帯…温暖で雨が多く，木がよく育つ。吉野　　　　，尾鷲ひのきは美林として有名。

働く人の高齢化やあと継ぎ不足が課題となっている。

(4)阪神工業地帯

◆　　　　工業地帯は，大阪湾沿岸を中心に形成されている。

◉歩み

◆第二次世界大戦前，せんい工業を中心に，日本を代表する工業地帯として発展→戦後，臨海部に重化学工業が発達。

◆近年，大阪湾岸に蓄電池や太陽光パネルなどの新しい工場が進出。

鉄鋼業や石油化学工業の伸び悩みによって，工場の閉鎖や移転が進んだ。

◉特色

◆内陸部の東大阪市などに　　　　企業の町工場が多い。
→特定の部品や製品で優れた技術をもつ企業もある。
→騒音や振動を規制する取り組みを進める。

東大阪市の町工場は，協力して人工衛星づくりに取り組んだ。

81

33 近畿地方②

(1)大都市圏の形成

　　◎＿＿＿＿＿＿＿＿大都市圏…大阪・京都・神戸(兵庫県)を

中心に人口が集中している地域。

　　◆中心都市と周辺地域が鉄道や道路で結ばれている。私鉄が

発達し,大阪湾の海上には関西国際空港がある。

　　◆郊外に,住宅団地を中心とする＿＿＿＿＿＿＿＿…大都市

の過密を解消するために建設。千里・泉北などがある。

> ニュータウンでは,建物の老朽化や少子高齢化が問題になっている。

　◎中心都市・大阪

　　◆江戸時代は「天下の＿＿＿＿＿」と呼ばれた…全

国から物資が集まる商業の中心地として発展。

　　◆その後も卸売業や工業が発展。

　　◆再開発…臨海部の埋め立て地にはテーマパーク

や高層マンションなどが建設された。中心部の

梅田などの＿＿＿＿＿＿＿駅周辺に大型の商

業ビルが次々と誕生。

(ピクスタ)
★再開発が進む大阪の中心部

　◎国際都市・神戸

　　◆江戸時代末に開港して以来,貿易都市として発展。

　　◆外国文化のおもかげが残る…異人館街や中華街など。

　　◆市街地の拡大…臨海部を埋め立てて＿＿＿＿＿＿＿

や六甲アイランドなどの人工島を建設。

　　◆＿＿＿＿＿＿＿大震災…1995年,神戸市を中心に大きな被

害を出した地震。6000人を超える死者が出た。

> 丘陵地を削ってニュータウンをつくり,削った土で海を埋め立てた。

(2)古都京都・奈良

　◎京都の町並み

　　◆長く日本の都…794年から平安京が置かれ,当時の碁盤目状

の整然とした道路網が残る。

　　◆寺院・神社などの多くの文化財…ユネスコの

＿＿＿＿＿＿＿に登録されている。国宝や重要文化財に指定された

建物や絵画,彫刻なども多い。

　　◆国際観光都市…世界各地から多くの観光客が訪れる。

● 京都の伝統文化
　◆ 伝統行事…祇園祭（ぎおんまつり）は平安時代から受け継（つ）がれ
　　てきた祭り。
　◆ 伝統的工芸品が多い…　　　　　　　織，京友禅（きょうゆうぜん）（染（そめ）
　　物（もの）），京焼（きょうやき）・清水焼（きよみずやき）など。
　◆ 伝統的住居の　　　　　　　　　　が残る
　　…商店と住居を兼（か）ねた家。

（ピクスタ）
★ 京都の町家

外観はそのままで
喫茶店（きっさてん）などに改装（かいそう）
した町家もある。

● 歴史的景観の保全
　◆ 近年，高層ビルの建設などで歴史的景観が損（そこ）なわ
　　れる問題が発生。
　◆ 市が　　　　　　　を制定…建物の高さや外観，看板（かんばん）
　　などを規制して歴史的景観を保全。
　　→ 暮らしの利便性や企業（きぎょう）活動と，歴史的景観の保
　　　全との調和が課題。

```
姫路城
古都京都
の文化財
京都
● 姫路（ひめじ）
● 奈良
古都奈良
の文化財
百舌鳥（もず）・古（ふる）
市古墳群（いち）
紀伊山地
の霊場（れいじょう）と
参詣道（さんけいみち）
法隆寺（ほうりゅうじ）地
域の仏教
建造物
```
★ 近畿地方の世界（文化）遺産

● 古都奈良
　◆ 710年に平城京（へいじょうきょう）がつくられた…大仏のある
　　　　　　　寺や唐招提寺（とうしょうだいじ）など多くの寺院が残る。
　◆ 多くの文化財が世界（文化）遺産に登録されている。

奈良墨（すみ）や奈良筆な
どの伝統的工芸品
がある。

近畿地方の主な都市

✎〔　〕に当てはまる都市名を書きましょう。

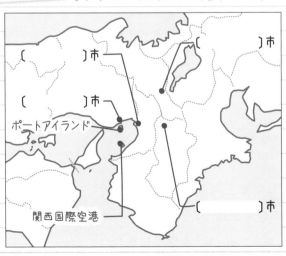
ポートアイランド
関西国際空港

34 中部地方①

(1)地形

◆中部地方は大きく三つの地域に分けられる。

★中部地方の地域区分

○北陸

　◆日本最長の　　　　　　川の下流に越後平野が広がる。

○中央高地

　◆　　　　　　　　　（日本の屋根）…3000m級の山々が
　連なる飛騨山脈・木曽山脈・赤石山脈の総称。
　◆浅間山や御嶽山などの火山がある。
　◆山々の間に多くの盆地…長野盆地・松本盆地・諏訪盆地・
　甲府盆地など。

○東海

　◆　　　　　平野…木曽川・長良川・揖斐川が流れる。
　・下流域の低地に　　　　　がみられる…洪水を防ぐ
　ため, 周りを堤防で囲んだ地域。

(Cynet Photo)　★濃尾平野西部の輪中

(2)気候

◆北陸…冬は日本海からの北西の季節風
　の影響で　　　　　が多く降る。
◆中央高地…1年を通じて降水量が少な
　く, 夏・冬の気温差が大きい。
◆東海…夏は太平洋からの南東の季節風
　の影響で　　　　が多く降る。冬でも黒
　潮(日本海流)の影響で温暖。

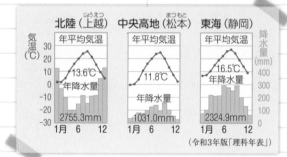

(令和3年版「理科年表」)

★北陸・中央高地・東海の雨温図

(3)農業・水産業

○東海

　◆水が得にくい台地に, 豊川用水や愛知用水などの大規模な
　用水路が整備されて, 農業がさかんになった。
　◆　　　　　半島, 知多半島で, ビニールハウスや温室を使っ
　た施設園芸農業がさかん→キャベツ, 温室メロン, 花などを
　栽培。

84

・電照菊の栽培…温室で夜間に照明を当て，菊の開花を遅らせて，秋から冬に出荷している。抑制栽培の一つ。

◆静岡県は日本有数の茶の産地…温暖で日当たりと水はけのよい牧ノ原などの台地でさかん。

・　　　　　　　の生産も多い…日当たりのよい傾斜地で栽培。

◆静岡県の焼津港は遠洋漁業の基地で水揚げ量は全国有数。

まだ昼だな

菊は日が長いと開花が遅れる。

○中央高地

◆盆地周辺の　　　　地で果樹栽培がさかん。

・甲府盆地（山梨県）…　　　　　　　とももの産地。

・長野盆地・松本盆地（長野県）…　　　　　，ぶどう，もも の生産が多い。

◆高地で高原野菜…八ヶ岳のふもとの野辺山原などで，夏の涼しい気候をいかし，　　　　　，キャベツ，はくさいなどの抑制栽培を行っている。

→ほかの地域からの出荷量が少ない夏に出荷するので，高い値段で売れ，有利。

昼と夜の気温差が大きく，扇状地は水はけがよいため。

山梨県などでは，ぶどうを原料としたワインの生産もさかん。

17.5万t
山梨 23.9%
長野 17.8
その他
福岡 4.2
岡山 8.8
山形 9.2

(2018年)
(2020/21年版「日本国勢図会」)

★ぶどうの生産量の割合

○北陸

◆稲作がさかん…越後平野は日本を代表する米どころ。

→コシヒカリを中心とする銘柄米を栽培。

◆水田単作地帯…冬は多くの積雪で農作業ができないため，1年に1度米だけをつくる。

中部地方の農業・水産業

〔　〕に当てはまる地名や農産物名を書きましょう。

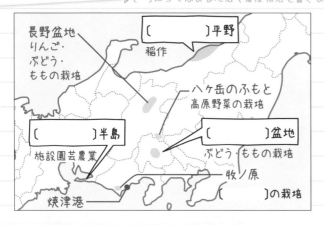

長野盆地
りんご・ぶどう・ももの栽培

〔　　〕平野
稲作

八ヶ岳のふもと
高原野菜の栽培

〔　　〕半島
施設園芸農業

〔　　〕盆地
ぶどう・ももの栽培

牧ノ原
〕の栽培

焼津港

(Cynet Photo)

★焼津港でのかつおの水揚げ

35 中部地方②

(1)東海の工業

- ◎ ＿＿＿＿＿工業地帯
  - ◆名古屋市を中心に, 伊勢湾沿岸部から内陸部
    にかけて広がる日本最大の工業地帯。
  - ◆第二次世界大戦後, ＿＿＿＿＿工業の成長と
    ともに大きく発展。

			福岡 5.1	群馬 5.0
計70兆円　神奈川 5.9

愛知 38.4%	静岡 6.4	その他		

(2018年)　　　　　　　　　　　(2021年版「県勢」)

★輸送用機械の生産額の割合

- ◎中京工業地帯の主な工業都市
  - ◆＿＿＿＿＿市(愛知県)…日本有数の自動車工業都市。自動
    車工場を中心に, 周辺には多くの関連工場が集まる。
    →1930年代から自動車の生産が始まり, 自動車工業ととも
    に市が発展した。
  - ◆臨海部の東海市(愛知県)で鉄鋼業, 四日市市(三重県)で
    ＿＿＿＿＿工業などが発達。
  - ◆陶磁器の産地の瀬戸市(愛知県)・多治見市(岐阜県)では,
    ファインセラミックスという新素材を生産。

市名は自動車会社
の名前にちなん
でつけられた。

もとの市名

- ◎ ＿＿＿＿＿工業地域
  - ◆静岡県の太平洋沿岸に広がる工業地域。
  - ◆＿＿＿＿＿市で楽器・オートバイの生産, 磐田
    市で自動車・オートバイの生産, 富士市で製紙・
    パルプ工業がさかん。

				北海道 5.2
計8兆円

静岡 11.3%	愛媛 7.1	埼玉 6.7	愛知 5.9	その他

(2018年)　　　　　　　　　　　(2021年版「県勢」)

★パルプ・紙・紙加工品の生産額の割合

東海の主な工業都市

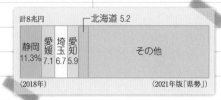

✎[　]に当てはまる都市名を書きましょう。

[　　　]市
(石油化学)

[　　　]市
(業務用機械)

[　　　]市
(自動車)

東海市
(鉄鋼)

[　　　]市
(楽器・オートバイ)

磐田市
(自動車・オートバイ)

富士市
(製紙・パルプ)

(2)中央高地と北陸の工業

◎ 中央高地の工業の変化

◆第二次世界大戦前…養蚕がさかんで　　　　業が発達。

◆大戦中…東京などの大都市から機械工場が移転。

◆戦後…長野県の諏訪盆地で時計・カメラ・レンズなどの
　　　　工業が発達。

> すんだ空気やきれいな水が精密機械工業に適していた。

◆近年は松本盆地や伊那盆地などの高速道路沿いに,電子部品などの電気機械工業の工場が進出している。

◎ 北陸の工業

◆富山県ではアルミニウム工業がさかん。

　→豊富な雪どけ水や水力発電による電力を利用。

◆さまざまな　　　　　　　産業…農家の副業として発展。

> 用語 地場産業とは？古くから受け継がれてきた技術を用い,地元産の原材料からさまざまなものをつくる産業。

　→冬は積雪が多く,農作業が難しいため。

・燕市(新潟県)でスプーンなどの金属製品,鯖江市
(福井県)で眼鏡フレームづくりなど。

◆伝統的工芸品…輪島市(石川県)の　　　　塗,
小千谷市(新潟県)の小千谷ちぢみ,金沢市(石川県)の加賀友禅,高岡市(富山県)の高岡銅器など。

★北陸の主な伝統的工芸品

(3)名古屋大都市圏と交通の発達

◆名古屋大都市圏…名古屋市を中心に,東京大都市圏・大阪大都市圏につぐ大都市圏を形成。名古屋市は政令指定都市で国の出先機関などが集まる。

◆　　　　　　新幹線,東名・名神高速道路などで東京大都市圏・大阪大都市圏と結びつく。

◆世界との結びつき

・　　　　　　港…日本有数の貿易港。自動車の輸出が多い。

・中部国際空港…中部地方の拠点空港。

◆交通の発達と観光業

・高速道路や新幹線の整備とともに各地の観光地がにぎわう。

・主な観光地…中央高地の高原・温泉,伝統的町並みが残る金沢市,岐阜県・富山県にある白川郷・五箇山の造り集落(世界文化遺産に登録)など。

(朝日新聞社 / Cynet Photo)

★輪島塗

確認テスト⑤

1 右の地図を見て，次の問いに答えなさい。 ＜5点×10＞

(1) 地図中の**a**の川の名称を答えなさい。

〔　　　　　　　　　　　　　〕

(2) 地図中の**b**の火山には，爆発などによってできた世界最大級のくぼ地がみられます。このくぼ地を何といいますか。

〔　　　　　　　　　　　　　〕

(3) 地図中の**c**の島は自然が豊かで，世界自然遺産に登録されています。この島の名称を答えなさい。

〔　　　　　　　　　　　　　〕

(4) 右の**1**〜**3**の雨温図は，地図中の**ア**〜**エ**のいずれかの都市のものです。これについて，次の問いに答えなさい。

① **1**の雨温図はどの都市のものですか，記号で答えなさい。　〔　　　〕

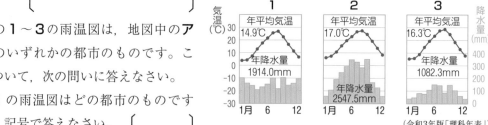

(令和3年版「理科年表」)

② **2・3**の雨温図の都市周辺の様子に当てはまるものを，次の**ア**〜**ウ**から１つずつ選び，記号で答えなさい。

　ア 昔から多くのため池がかんがいに利用されてきた。

　イ 冬でも温暖で，なすやピーマンなどの促成栽培がさかんである。

　ウ さとうきびの栽培のほか，近年はパイナップルや菊の生産もさかんである。

2〔　　　〕**3**〔　　　〕

(5) 次の①〜④に当てはまる県を，地図中の**A**〜**D**から１つずつ選び，記号で答えなさい。

① 日当たりのよい斜面でのみかんの生産量は日本有数で，ぶりやたいなどの養殖業もさかんである。

〔　　　〕

② 火山灰土のシラス台地では畑作のほか，肉牛や豚などの畜産がさかんである。

〔　　　〕

③ 水島地区には，石油化学工業や鉄鋼業などの大規模な臨海工業地域が発達している。

〔　　　〕

④ なしの栽培がさかんで，境港は日本有数の水揚げ量を誇る。

〔　　　〕

2 右の地図を見て，次の問いに答えなさい。

〈 5点 × 10（(5)はそれぞれ完答）〉

(1) 地図中の**X**の湖の名称を答えなさい。

〔　　　　　　　　　　　〕

(2) 地図中の**Y**の山地の名称を答えなさい。

〔　　　　　　　　　　　〕

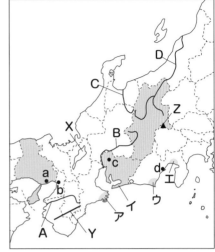

重要 (3) 地図中の**Z**は八ヶ岳で，ふもとではレタスやはくさ
いなどの栽培がさかんです。これらの野菜はこの地域
のどのような気候をいかして栽培されていますか。季
節にふれて，簡潔に答えなさい。

〔　　　　　　　　　　　　　　　　　　　　　　　　　　　　　　　〕

(4) 江戸時代末に開港してから貿易都市として発展し，現在も中華街など外国文化のおもかげ
が残る都市を，地図中の**a〜d**から1つ選び，記号で答えなさい。

〔　　　　　〕

(5) 次の①・②に当てはまる川を，地図中の**A〜D**から，また，その川の名称をあとの**ア〜エ**
から1つずつ選び，記号で答えなさい。
① 上流域の盆地はりんごの産地で，下流域の平野は日本を代表する稲作地帯である。

〔位置　　　　名称　　　　〕

② 下流域の平野には，この川を含めて3本の長い川が流れる低地が広がり，洪水を防ぐた
めの輪中がみられる。

〔位置　　　　名称　　　　〕

ア 紀ノ川　**イ** 木曽川　**ウ** 神通川　**エ** 信濃川

重要 (6) 次の①・②に当てはまる地域を，地図中の**ア〜エ**から1つずつ選び，記号で答えなさい。
① 豊川用水が引かれて園芸農業がさかんになり，キャベツや温室メロン，電照菊などの栽
培が行われている。

〔　　　　　〕

② 水はけのよい牧ノ原と呼ばれる台地が広が
り，日本を代表する茶の産地になっている。

〔　　　　　〕

(7) 右の**ア〜ウ**のグラフは，地図中に▨▨▨で示
した兵庫県，愛知県，長野県の工業生産額の割
合を示しています。**ア〜ウ**のうち，愛知県と長
野県に当てはまるものを1つずつ選び，記号で
答えなさい。

愛知県〔　　　　　〕　長野県〔　　　　　〕

	情報通信機械		生産用機械		
ア	17.1%	電子部品 12.3	11.6	食料品 8.9	その他

	化学		鉄鋼	食料品	輸送用機械	
イ	13.4%		11.6	10.4	10.4	その他

	輸送用機械		電気機械		鉄鋼 5.1	
ウ	55.0%		6.0			その他

(2018年)

生産用機械 5.0

(2021年版「県勢」)

36 関東地方①

(1)自然

●地形

◆広い _____ 平野…関東地方の面積の約半分を占める日本最大の平野。_____ に覆われた台地と, 川沿いには低地がみられる。

◆ _____ 川…流域面積は日本最大。長さは日本第2位。

◆山地…西部に関東山地, 北西部に越後山脈。

> 用語 関東ロームとは？
> 火山灰が積もってできた赤褐色の土壌。

●気候

◆大部分は _____ 側の気候に属する。

→夏は雨が多い。冬は晴れの日が多く, 乾燥する。

◆東京都とその周辺で _____ 現象…都市部の気温が周辺部より高くなる現象。

→高層ビルにより風通しが悪くなることなどが原因。

◆太平洋上にある小笠原諸島は亜熱帯(性)の気候…自然が豊かで, 世界(自然)遺産に登録されている。

> 関東地方の内陸部で冬に吹く冷たい北西の季節風をからっ風という。

ヒートアイランド現象

関東地方の地形

✎〔 〕に当てはまる地名を書きましょう。

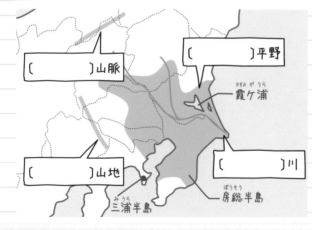

〔 〕山脈

〔 〕平野

霞ケ浦

〔 〕山地

〔 〕川

三浦半島

房総半島

> 房総半島は, 近くを流れる暖流の黒潮(日本海流)の影響で冬でも温暖な気候。

(2)首都東京と東京大都市圏

●人口が集中した過密地帯

◆関東地方には全国の人口の約3分の1が集中。

◆東京大都市圏…東京の周辺に五つの政令指定都市。

→ _____ 市, 川崎市, 相模原市, さいたま市, 千葉市。

> 人口が50万人以上で, 都道府県並みの権限をもっている都市が, 政令指定都市。

◉首都・東京

◆　　　　　・経済の中心…国会議事堂や中央官庁，

大きな銀行の本店や大企業の本社が集まる。

◆文化や情報の発信地…テレビ局や新聞社などが集

まり，情報通信技術(ICT)関連産業が発達。

◆世界都市…世界各国の大使館や国際機関，外資系

企業などが集まり，多くの外国人が住む。

東京都千代田区霞が関の官庁街
(ピクスタ)

◆　　　　　…国の中枢機能が集まる千代田区や中央区など。

◆　　　　　…ターミナル駅がある新宿や渋谷など。

◉交通網…東京とその周辺は世界との玄関口となっている。

◆　　　　国際空港…貿易額は日本最大。国際線が充実。

◆東京国際(羽田)空港…国内航空路線の中心。国際線も増加。

◆横浜港や東京港，千葉港など日本有数の貿易港がある。

(3)都市問題とその対策

◉都市問題…東京への一極集中が進んだことで発生。

◆過密(化)による問題…住宅の不足，通勤ラッ

シュ，ごみ処理場の不足などの問題。

◆高い地価…地価の安い郊外に住宅地が拡大。

◆人口の移動…都心では昼間人口が夜間人口よ

り　　　い。

→郊外・近県から都心に通勤・通学する人

が多いため。

埼玉県　84万人
茨城県　6万人
東京23区外　55万人
千葉県　70万人
神奈川県　91万人
(2015年)
(平成27年「国勢調査報告」)

★東京23区への通勤・通学者数

◉対策

◆1970年代から，郊外に　　　　　　　　を建設…住宅団地

を中心とした計画都市。多摩ニュータウンなど。

◆1990年代から都心部や臨海部の　　　　　　が進む…古い

建物をこわし，高層マンションやオフィスビル，大型商業施

設などを建設して，新しい町につくり直す。

◆都市機能の分散…横浜市の　　　　　　　　(神奈川

県)，幕張新都心(千葉県)，さいたま新都心(埼玉県)の建設。

◆郊外の都市を結ぶ環状道路を整備して，交通の混雑を緩和。

> 茨城県のつくば市には，東京から大学や研究機関を移転させて筑波研究学園都市を建設。

37 関東地方②

(1)工業

- ○ ＿＿＿＿＿工業地帯
  - ◆東京都・神奈川県・埼玉県にまたがって発達した工業地帯。
  - ◆かつては日本最大の工業地帯…近年は閉鎖されたり,内陸部などへ移転したりする工場も多い。
  - ◆臨海部で重化学工業が発達。機械工業の割合が高い。
  - ◆東京で＿＿＿＿業がさかん…出版社や新聞社が多いため。
  - ◆世界的にも優れた技術をもつ,中小企業の町工場がある。

- ○ ＿＿＿＿＿工業地域
  - ◆1960年代から,東京湾岸の千葉県側を埋め立てて建設された臨海工業地域。石油化学コンビナートが立地。
  - ◆鉄鋼業・＿＿＿＿＿工業がとくに発達している。

- ○ ＿＿＿＿＿工業地域
  - ◆関東北部の内陸部に発達…地価が安く広い土地があったことから多くの工場が進出。たくさんの日系人が働く。
  - ◆高速道路網の整備とともに発展…高速道路のインターチェンジ付近に,多くの工場が集まる＿＿＿＿＿が点在。
  - ◆とくに自動車や電気機械の生産など機械工業がさかん。ほかにも食料品工業や印刷業などが発達。

★ 印刷・同関連業の生産額の割合

（東京 15.7%　埼玉 14.7　9.3　6.3　大阪　4.3 愛知　京都　その他 5.0兆円）

(2018年)(2021年版「県勢」)

印刷業の製品

内陸部では,原料の輸入に依存しない組み立て型の工業が発達している。

関東地方の工業地帯・地域

✐〔 〕に当てはまる工業地帯・地域名を書きましょう。

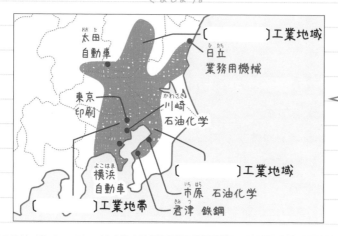

北関東工業地域と京葉工業地域は,京浜工業地帯が延びるような形で形成された。

(2)農業

◉稲作…利根川流域などの低地でさかん。

◉畑作・畜産…関東平野の台地は全国有数の畑作地帯。

　◆＿＿＿＿＿農業…茨城県や千葉県などでさかん。東京など大

　　消費地向けに野菜や花を生産。

　　→大消費地に近いので, 新鮮な農産物を安い輸送費で, 早

　　　く出荷できるのが利点。

　　→住宅地の拡大で大都市周辺の農地が減り, 離れたところ

　　　に農業地域が移動している。

　◆花の栽培…冬でも温暖な気候をいかして, ＿＿＿＿半島南

　　部(千葉県)などでさかん。

　◆畜産…新鮮さが求められる牛乳(生乳)や卵などの生産がさ

　　かん。

◉高原野菜の栽培

　◆夏でも涼しい浅間山山麓の群馬県嬬恋村では,

　　　　　　　の抑制栽培がさかん。

　◆発達の理由…高速道路網の整備や保冷技術の

　　発達で, 大都市への輸送が便利になった。

　　→保冷トラックを利用して出荷。

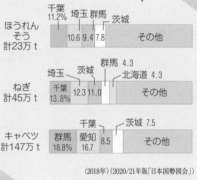

> 関東地方の県が高い割合を占めている。

	千葉 11.2%	埼玉	群馬	茨城	
ほうれんそう 計23万t		10.6	9.4	7.8	その他

	埼玉	茨城	群馬 4.3	北海道 4.3	
ねぎ 計45万t	千葉 13.8%	12.3	11.0		その他

	群馬 18.8%	愛知 16.7	千葉 8.5	茨城 7.5	
キャベツ 計147万t					その他

(2018年)(2020/21年版「日本国勢図会」)

★主な野菜の生産量の割合

(3)第三次産業

　◆多くの人が集まるため, 第＿＿＿次産業がとくに発達。

　◉情報通信技術(＿＿＿＿)関連産業…パソコンやインターネッ

　　トに関わる技術を利用した産業が発達。

　◉商業…東京大都市圏は日本最大の消費地のため, デパート

　　や大型ショッピングセンター, 物流センターなどの商業施

　　設が多い。

　◉観光業…東京ディズニーリゾートや浅草などに国内外から

　　多くの観光客が訪れる。

> 東京には, ゲームやアニメなどの制作に関わるコンテンツ産業も集中。

★アニメ制作の仕事風景

(朝日新聞社 / Cynet Photo)

38 東北地方①

(1)自然

◎山地

◆中央に　　　　　山脈，日本海側に出羽山地，太平
洋側になだらかな　　　　　高地。

◆　　　　　山地…青森県と秋田県の県境。ぶなの
原生林など自然が豊かで，世界自然遺産に登録。

(ピクスタ)
★白神山地

◎主な川と流域の盆地・平野

◆雄物川…横手盆地，秋田平野が広がる。

◆　　　　　川…山形盆地，庄内平野が広がる。

◆北上川…北上盆地，　　　　　平野が広がる。

> 東北地方は山地が多く，狭い平地に市街地が発展し，人口が集中している。

◎海岸地形

◆三陸海岸南部は複雑に入り組んだ　　　　　海岸。
→2011年の東北地方太平洋沖地震による　　　　　で，沿岸
の地域に大きな被害が出た(東日本大震災)。

東北地方の地形

✐[　]に当てはまる地名を書きましょう。

> 東北地方の背骨と呼ばれる山脈。

白神山地
雄物川
秋田平野

[　　　　　]山脈

三陸海岸

[　　　　　]山地

庄内平野

> 出羽山地，奥羽山脈，北上高地が南北に3列並んでいる。

[　　　　　]高地

[　　　　　]川

北上川
仙台平野

◎気候…奥羽山脈を境に日本海側と太平洋側で大きく異なる。

◆日本海側…冬は大陸(日本海)から吹く北西の季節風の影響
で，多くの雪や雨が降る。

◆太平洋側…夏に，　　　　　という冷たい北東風が吹くと，
日照不足や低温になり，冷害が起こりやすい(→57ページ)。

やませ

(2)農業と水産業

◎さかんな稲作

◆日本の穀倉地帯…庄内平野・仙台平野・秋田平野などの平野のほか,盆地でもさかん。東北地方で全国の約3割の米を生産している。1年に1度米だけをつくる水田単作地帯。

◆稲作の変化

・第二次世界大戦後,食生活の洋風化によって米の消費量が減り,1970年代ごろから米が余るようになった。

→米の生産量を抑えるため,転作などをすすめる政策を実施。

◆冷害対策…品種改良を進め,味がよく,低温や病気にも強い　　　　米(ブランド米)を開発。

> 秋田県の「あきたこまち」や山形県の「つや姫」など。

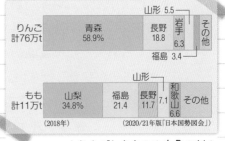

米の地方別生産量の割合

東北	28.8%
その他	
北海道	7.6
九州	9.0
北陸	14.4
関東・東山	18.2

776万t　(2019年)

(東山は山梨・長野県)
(2020/21年版「日本国勢図会」)

◎果樹栽培

◆水はけのよい傾斜地や盆地などでさかん。

◆りんご…津軽平野を中心に,　　　　県が全国の半分以上を生産。

◆　　　　　　　　…山形盆地を中心に,山形県で全国の約4分の3を生産。

◆もも…　　　　県・山形県。

◆西洋なし…山形県など。

りんご 計76万t	青森 58.9%	長野 18.8	岩手 6.3	山形 5.5 / 福島 3.4	その他

もも 計11万t	山梨 34.8%	福島 21.4	長野 11.7	山形 7.1 / 和歌山 6.6	その他

(2018年)　(2020/21年版「日本国勢図会」)

★りんごとももの生産量の割合

> りんごは,涼しい気候の東北地方各県と長野県で生産が多い。

◎畑作と畜産

◆遠野市(岩手県)ではビールの原料のホップ,三本木原(青森県)ではにんにくやごぼうなどの生産がさかん。

◆北上高地などでは,乳製品をつくる　　　　　がさかん。

◎水産業

◆　　　　　海岸沖は,寒流の親潮(千島海流)と暖流の黒潮(日本海流)が出合う潮境(潮目)で,多くの魚が集まる。

◆わかめ・こんぶなどの養殖業…三陸海岸南部はリアス海岸で,湾内は波が静かなため養殖に適している。

◆太平洋沿岸に多くの良港…　　　　　大震災で大きな被害を受けたが,水揚げ量や生産量が回復してきている。

95

39 東北地方②

(1)工業と都市

◉工業の発展

◆交通網の発達…1970~1980年代に東北自動車道・東北新幹線が開通して以来,関東地方との人・ものの移動が便利になった。

◆工場の進出…高速道路沿いに,電子部品や自動車などを生産する工場が集まった　　　　　が建設された。

東北地方は,広い工場用地を得やすく,働く人が多かったことも工場進出の背景。

◆生活の変化…かつては,関東地方へ集団で就職したり,冬の間だけ出かせぎに行ったりする人が多かったが,工場の進出によって,地元で働く人が増えた。

◆再生可能エネルギーの導入…風力,地熱,太陽光など。
→東日本大震災での原子力発電所の事故がきっかけ。

◉伝統産業

◆農作業ができない冬の副業として発展。

◆伝統的工芸品…地元の資源を使い,伝統的技術でつくられてきた工芸品のうち,とくに優れているとして国が指定したもの。

・漆器…　　　　塗(青森県)など。
・　　　　　鉄器…岩手県盛岡市など。地元の砂鉄や漆,木材などを利用。
・木工品…大館曲げわっぱ(秋田県),天童将棋駒(山形県),宮城伝統こけし(宮城県)など。

★東北地方の主な伝統的工芸品

◆課題…職人の　　　　化によって,後継者不足が進む→若い後継者の育成に力を入れる必要がある。

◆新たな取り組み…南部鉄器では,現代風のデザインの製品を生産するなどして海外へも出荷。

◉仙台市(宮城県)

◆企業の支社や政府の出先機関が集まる東北地方の地方中枢都市。東北地方唯一の　　　　　　都市でもある。

仙台市は城下町として発展した都市。緑が豊かで「杜の都」として知られる。

◆人口は100万人を超え,仙台市を中心に都市圏を形成。
→通勤や通学,買い物や観光で多くの人がやってくる。

(2)伝統的な文化と暮らし

◉ 伝統的な文化

◆地域の自然や生活, 文化の影響を強く受けた　　　　　　行事
や, 豊作を祈ったり, 収穫に感謝したりする祭りなどの伝統
行事が受け継がれている。
→秋田県の「男鹿のナマハゲ」は国の重要無形民俗文化財。

◆東北三大祭り…毎年8月に青森　　　　　　祭(青森市), 秋
田竿燈まつり(秋田市), 仙台七夕まつり(仙台市)。国内外か
ら多くの観光客が集まる。

◆伝統芸能…花巻市(岩手県)の早池峰神楽, 仙台市の秋保の
田植踊などは, ユネスコの無形文化遺産に登録されている。

◆食文化…だいこんを煙でいぶして, 米ぬかなどでつけた漬
け物のいぶりがっこ(秋田県)は冬の保存食だった。

★秋田竿燈まつり
(Cynet Photo)

> 米の豊作を願う祭
> り。提灯は米俵を見
> 立てている。

◉ 伝統的な住まいや町並み

◆曲家(南部曲家)…　　　　　　県や青森県の伝統的住居。居
間と馬屋が土間を隔ててL字型に結ばれている。

◆青森県黒石市のこみせ…買い物の人々を冬の雪, 夏の日ざ
しや雨から守るひさしが連なる伝統的町並み。

◆文化遺産…岩手県　　　　　　町の中尊寺など平安時代の寺
院・遺跡が世界文化遺産に登録されている。

> 岩手県は馬の飼育が
> さかんで, 馬を大事に
> 育ててきた。「チャグ
> チャグ馬コ」などの伝
> 統行事も残る。

東北地方の伝統的な文化

✏️〔 〕に当てはまる地名を書きましょう。

ねぶた祭
〔　　　　　　〕市

竿燈まつり
〔　　　　　　〕市

こみせ
黒石市

世界文化遺産
平泉町

七夕まつり
〔　　　　　　〕市

97

40 北海道地方①

(1)地形

◎山地

◆中央部に　　　　　山脈，北見（きたみ）山地などが南北に連なる。

◆火山が多い…有珠山（うすざん），十勝岳（とかちだけ），大雪山（たいせつざん）など。洞爺湖（とうやこ）・屈斜路（くっしゃろ）

湖（こ）などは，　　　　　　　に水がたまってできた湖。

> 火山の噴火（ふんか）に備えて，ハザードマップを利用した避難（ひなん）訓練などが行われている。

◎平野と台地

◆石狩（いしかり）平野…石狩川が流れる。低湿地（ていしっち）が多い。

◆十勝（とかち）平野…十勝川が流れる。火山灰地（かざんばい）が多い。

◆＿＿＿＿＿台地…火山灰土（あつ）に厚（あつ）く覆（おお）われた台地。

> 石狩川の長さは日本第3位。

(2)気候

◆全体に冷帯（亜寒帯）（あかんたい）の気候…冬の寒さが厳（きび）しく，夏でも涼（すず）しい。はっきりとした梅雨（ばいう）がみられない。

◆日本海側…冬は北西の　　　　　　　風の影響（えいきょう）で雪が多く降る。夏は比較的（ひかくてき）高温。

◆内陸部…夏は比較的高温になり，冬はとくに低温。−30℃以下になることもある。

◆太平洋側（たいへいよう）…夏の南東の季節風が寒流の親潮（おやしお）（千島海流）（ちしま）の影響で冷やされることで，濃霧（のうむ）が発生しやすい。

→夏でも気温が上がらないことがある。

◆オホーツク海沿岸…冬に　　　　　　が押（お）し寄せ，春先まで港が閉ざされる。

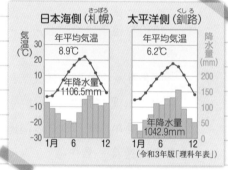

★日本海側と太平洋側の気候

> 太平洋側の釧路のほうが，夏の気温が低い。

北海道の地形

✎ 〔　〕に当てはまる地名を書きましょう。

天塩（てしお）山地

石狩川

〔　　　　　〕山地

〔　　　　　〕台地

〔　　　　　〕平野

〔　　　　　〕平野　〔　　　　　〕山脈

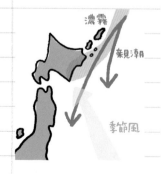

濃霧

親潮

季節風

(3)北海道の歩みと都市

◉歩み

◆古くから先住民族の 　　　　　 の人々が住む…独自の文化

を確立させてきた。

◆明治時代…政府が開拓使という役所を置き，本格的な開拓

を進めた→アイヌの人々は土地を奪われていった。

・ 　　　　 兵…明治時代，全国各地から移住し，北海道の

開拓と警備にあたった人々。ふだんは農業に従事。

◆現在はアイヌの人々の文化を尊重する動きがみられる。

> 北海道の地名には，アイヌ語に起源をもつものが多い。

◉北海道最大の都市 　　　　 市…北海道開拓の中心。

◆明治時代につくられた計画都市…碁盤目状の整然とした街

路が特徴。

◆一極集中…現在は北海道の地方中枢都市。多くの人が移り

住み，人口は約200万人(2020年)。

◆新千歳空港…北海道の航空路線の拠点。

> 札幌市の人口は，北海道の人口の3分の1以上を占めている。

(4)人々の暮らし

◉寒さを防ぐ工夫

◆家のつくりの工夫…寒さを防ぐために窓や玄関を

　　　　 にし，壁に断熱材を入れている。

◆道路の工夫…凍結を防ぐために，道路の下に電熱線や温

水パイプを入れたロードヒーティングなど。

> 米を貯蔵しておく雪室や，冷房システムに雪を利用するなど，利雪の取り組みも進んでいる。

◉さかんな観光業

◆雪や寒さをいかす…札幌市のさっぽろ 　　　　 ま

つりは全国から多くの観光客が訪れる。オホーツ

ク海沿岸の流氷観光もさかん。

→スキーをしに訪れる外国人観光客も増加。

◆雄大な自然が残り，国立公園も多い。

→貴重な生態系がみられる 　　　　 は，世界自

然遺産に登録されている。

◆ 　　　　　　　　　 …自然環境や文化を守

りながら，それを体験したり学んだりする観光の形。

(ピクスタ)
★さっぽろ雪まつり

41 北海道地方②

(1)農業

● 北海道の農業の特色

◆ 大規模な農業…広い農地をいかし，大型機械を利用した農業。

→農家1戸あたりの耕地面積が広い。

◆ 農業生産額は日本一…野菜や乳製品を東京などの大都市へさかんに出荷している。

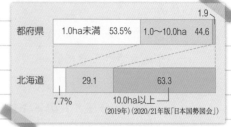

			1.9
都府県	1.0ha未満　53.5%	1.0～10.0ha　44.6	
	7.7%		10.0ha以上
北海道	29.1	63.3	

(2019年)(2020/21年版「日本国勢図会」)

★ 都府県と北海道の経営耕地規模別農家の割合（販売農家）

北海道は，経営耕地面積の広い農家が多い。

● 稲作

◆ ＿＿＿平野や上川盆地が中心…夏に比較的高温になる。

◆ 石狩平野…＿＿＿地が多かった→植物が十分分解されずに積もった低湿地。土壌の栄養分が少ない。

・＿＿＿で稲作に適した土地に改良…ほかの土地から性質の異なる土を運び入れ，土地の性質を変えた。

・稲の品種改良…低温に強くておいしい品種をつくりだす。

● 畑作

◆ ＿＿＿＿＿平野が中心…寒さや乾燥に強い作物を栽培。

◆ 主な作物…じゃがいも，てんさい，小麦，小豆など。

→北海道は生産量日本一の作物が多い。

◆ ＿＿＿作を取り入れている…土地の栄養が落ちるのを防ぐため，異なる作物を順番に栽培する。

◆ 畑作と酪農を組み合わせた混合農業も行われている。

てんさい（さとう大根，ビート）はさとうの原料になる。寒い地域で栽培される。

てんさい

● 酪農

◆ 牧草を育てて乳牛を飼育し，牛乳のほか，バターやチーズを生産する農業。

◆ 北海道の乳牛の飼育頭数は日本一…根釧台地や十勝平野で多い。

◆ ＿＿＿＿＿台地

・火山灰土が広がり，夏も低温で，作物の栽培に適していない。

・第二次世界大戦後，原野を開拓し，大規模な酪農地帯になった。

(Cynet Photo)

★ 根釧台地の酪農地帯

北海道の農業地域

✎〔　〕に当てはまる農業を書きましょう。

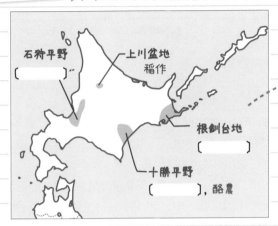

石狩平野〔　　　　〕
上川盆地 稲作
根釧台地〔　　　　〕
十勝平野〔　　　　〕,酪農

それぞれ,気候や土地の特色に合った農業が行われている。

(2)水産業

◆北海道の漁獲量は日本一… ＿＿＿＿港・根室港・紋別港などで水揚げ量が多い。

　→さけやます,こんぶなどの漁が各地でさかん。

◆かつては ＿＿＿＿漁業がさかん…オホーツク海や北太平洋・ベーリング海などで行う漁業。

◆排他的経済水域の影響…1970年代以降,各国が ＿＿＿＿海里水域内での他国の漁業を制限→その結果,北洋漁業の漁獲量が大きく減少。

◆「育てる漁業」に力を入れている。

　→内浦湾やオホーツク海沿岸で ＿＿＿＿の養殖がさかん。

　さけの栽培漁業にも力を入れている。

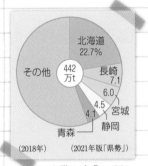

北海道 22.7%　長崎 7.1　6.0　宮城 4.5　静岡 4.1　青森　その他　442万t

（2018年）（2021年版「県勢」）

★漁業生産量の割合

(3)工業

◆早くから地元の資源をいかした工業が発達。

　・かつては石炭の産地…鉄鋼業が発達→その後,安くて質のよい石炭の輸入などによって炭鉱は閉山。鉄鋼業も衰えた。

　・豊富な森林資源…製紙・パルプ工業が発達。

◆近年は農畜産物や水産物を利用した ＿＿＿＿工業が中心。

　→牛乳を原料にした乳製品,かんづめなどの水産加工品を生産。

漁港周辺には水産加工場が集まっている。

（朝日新聞社 / Cynet Photo）

★水産加工場

確認テスト⑥

●目標時間：30分　●100点満点　●答えは別冊23ページ

1 次の文を読んで，あとの問いに答えなさい。

<(4)は10点，その他5点×6>

> 　関東平野には，①火山灰が積もってできた赤褐色の土壌に覆われた台地が広くみられる。台地は全国有数の畑作地帯で，②大都市に野菜などを出荷する農業が発達している。日本第二の長流である□□□□流域の低地では稲作もさかんである。また，③関東地方には，全国の人口の約3分の1が集中していて，東京を中心に大都市圏が形成されている。
> 　いっぽう，工業では，④東京都や神奈川県に京浜工業地帯，千葉県の東京湾岸に⑤京葉工業地域，関東北部の内陸部に北関東工業地域が発達している。また，千葉県には⑥貿易額が日本最大で，国際線が充実している空港がある。

(1)　下線部①のことを何といいますか。

[　　　　　　　　　　　　　]

重要 (2)　下線部②の農業のことを何といいますか。

[　　　　　　　　　　　　　]

(3)　□□□に当てはまる川の名称を答えなさい。

[　　　　　　　　　　　　　]

重要 (4)　下線部③について，右の表は関東地方各都県の昼間人口・夜間人口（常住人口）とその人口比率を示しています。東京都の昼夜間人口比率がとくに高くなっている理由を簡潔に答えなさい。

[　　　　　　　　　　　　　]

都県	昼間人口（千人）	夜間人口（千人）	昼夜間人口比率
茨城	2843	2917	97.5
栃木	1955	1974	99.0
群馬	1970	1973	99.8
埼玉	6456	7267	88.9
千葉	5582	6223	89.7
東京	15920	13515	117.8
神奈川	8323	9126	91.2

（昼夜間人口比率は夜間人口100人あたりの昼間人口）
（2015年）（2020/21年版「日本国勢図会」）

(5)　下線部④について，右のグラフは東京都が生産額日本一の工業の生産額割合を示しています。当てはまる工業を次のア〜エから1つ選び，記号で答えなさい。

　ア　食料品工業　　　　イ　せんい工業
　ウ　印刷・同関連業　　エ　鉄鋼業

[　　　　　　　　]

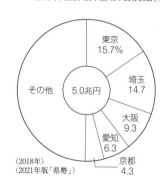

（2018年）
（2021年版「県勢」）

（円グラフ：東京 15.7%，埼玉 14.7，大阪 9.3，愛知 6.3，京都 4.3，その他，中央に 5.0兆円）

(6)　下線部⑤には，石油精製工場や石油化学工場，火力発電所などの関連する工場が結びついて，効率よく生産している地域がみられます。この地域を何といいますか。

[　　　　　　　　　　　　　]

(7)　下線部⑥の空港の名称を答えなさい。

[　　　　　　　　　　　　　]

2 右の地図を見て，次の問いに答えなさい。 <6点×5>

(1) 地図中の**A**の山脈の名称を答えなさい。

[　　　　　　　　　]

(2) 地図中の**B**の海岸は，南部にリアス海岸がみられます。**B**の海岸の名称を答えなさい。

[　　　　　　　　　]

(3) 地図中の**C**は，夏に吹く冷たい北東風を示しています。東北地方に冷害をもたらすことのあるこの風を何といいますか。

[　　　　　　　　　]

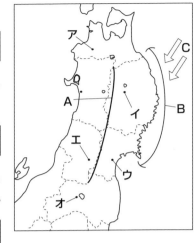

(4) 次の①・②に当てはまる都市を地図中の**ア～オ**から１つずつ選び，記号で答えなさい。
① 東北地方唯一の政令指定都市で，夏の七夕まつりは東北三大祭りの１つである。

[　　　　　]

② 伝統的工芸品の津軽塗の産地で，周辺の耕地はりんごの大産地である。

[　　　　　]

3 右の地図を見て，次の問いに答えなさい。 <5点×6>

(1) 北海道にもとから住んでいる先住民族を何といいますか。

[　　　　　　　　　]

(2) 地図中の**A**の海は，冬に流氷が押し寄せます。**A**の海の名称を答えなさい。

[　　　　　　　　　]

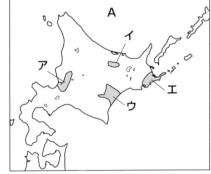

(3) 次の①～③に当てはまる地域を，地図中の**ア～エ**から１つずつ選び，記号で答えなさい。
① 泥炭地の土地改良が行われ，北海道を代表する稲作地帯になった。 [　　　　]
② 北海道の畑作の中心地で，酪農もさかんである。 [　　　　]
③ 第二次世界大戦後，原野を開拓して大規模な酪農がさかんになった。 [　　　　]

(4) 北海道についての説明として誤っているものを，次の**ア～エ**から１つ選び，記号で答えなさい。

ア 北海道の中で，日本海側は，夏でもとくに低温である。

イ 北海道の農家１戸あたりの耕地面積は，都府県平均よりも広い。

ウ 畑作では，てんさいやじゃがいもなどの生産がさかんである。

エ 工業では，食料品工業の占める割合がとくに高い。

[　　　　]

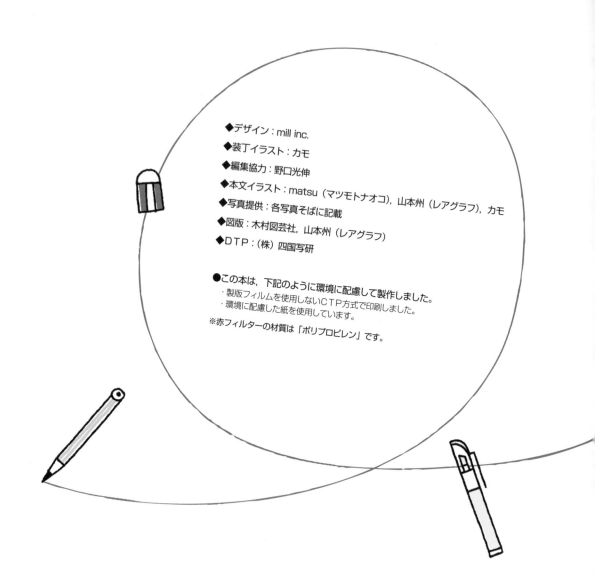

◆デザイン：mill inc.
◆装丁イラスト：カモ
◆編集協力：野口光伸
◆本文イラスト：matsu（マツモトナオコ），山本州（レアグラフ），カモ
◆写真提供：各写真そばに記載
◆図版：木村図芸社，山本州（レアグラフ）
◆DTP：（株）四国写研

●この本は，下記のように環境に配慮して製作しました。
　・製版フィルムを使用しないCTP方式で印刷しました。
　・環境に配慮した紙を使用しています。
※赤フィルターの材質は「ポリプロピレン」です。

テスト前に
まとめるノート改訂版
中学地理

別冊解答

テスト前に まとめるノート 中学地理

本冊のノートの
答え合わせに

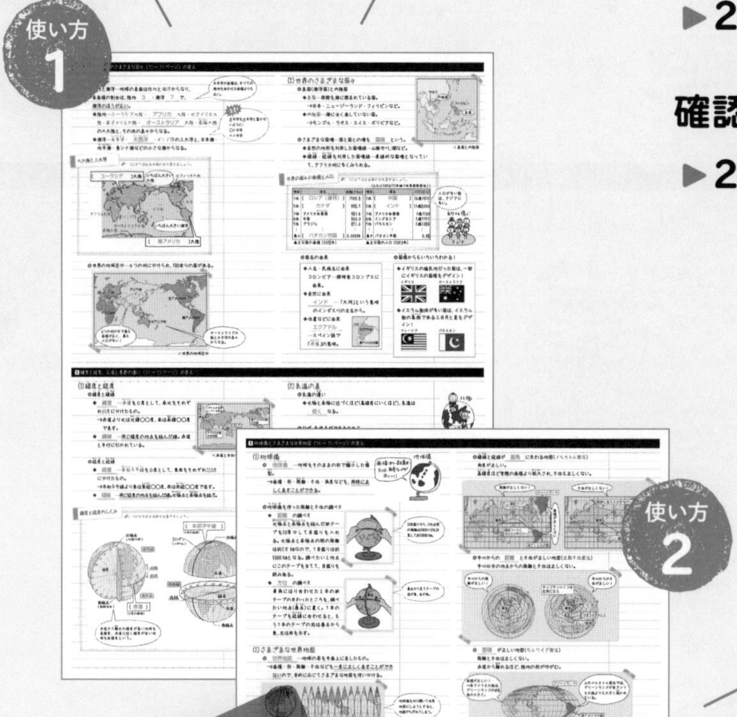

使い方 1

使い方 2

ノートページの答え
▶ **2〜22** ページ

確認テスト❶〜❻の答え
▶ **22〜23** ページ

付属の赤フィルターで
消して，暗記もできる！

Gakken

(1)地球の姿

- ◉陸地と海洋…地球の表面は陸地と海洋からなり, 表面積の割合は, 陸地 **3** :海洋 **7** で, 海洋のほうが広い。
  - ◆陸地…ユーラシア大陸・ **アフリカ** 大陸・北アメリカ大陸・南アメリカ大陸・ **オーストラリア** 大陸・南極大陸の六大陸と, その他の島々からなる。
  - ◆海洋…太平洋・ **大西洋** ・インド洋の三大洋と, 日本海・地中海・東シナ海などの小さな海からなる。

> 太平洋の面積は, すべての陸地を合わせた面積よりも広い。

> 注意! 太平洋を太平洋と書かないように! ○太平洋 ×太平洋

六大陸と三大洋

[ ]に当てはまる大陸の名を書きましょう。

- 〔 ユーラシア 〕大陸
- いちばん大きい大陸
- 北アメリカ大陸
- 〔 南アメリカ 〕大陸
- いちばん大きい海洋
- アフリカ大陸
- インド洋
- オーストラリア大陸
- 南極大陸
- 太平洋
- 大西洋

- ◉世界の地域区分…6つの州に分けられ, 190余りの国がある。

- ヨーロッパ州
- アジア州
- 北アメリカ州
- アフリカ州
- 南アメリカ州
- オセアニア州

> 6つの州の中で最も面積が広く, 最も人口が多い!

> オーストラリア大陸と太平洋の島々からなる。

★世界の地域区分

(2)世界のさまざまな国々

- ◉島国（海洋国）と内陸国
  - ◆島国…周囲を海に囲まれている国。
    - →日本・ニュージーランド・フィリピンなど。
  - ◆内陸国…海に全く面していない国。
    - →モンゴル・ラオス・スイス・ボリビアなど。

- ◉さまざまな国境…国と国との境を **国境** という。
  - ◆自然の地形を利用した国境線…山脈や川, 湖など。
  - ◆緯線・経線を利用した国境線…直線的な国境となっていて, アフリカ州に多くみられる。

- ラオス
- 内陸国
- フィリピン
- 島国

★島国と内陸国

世界の国々の面積と人口

[ ]に当てはまる国の名を書きましょう。

（ともに2020/21年版「世界国勢図会」）

順位	国名	面積(万km²)
1位	〔 ロシア（連邦） 〕	1709.8
2位	〔 カナダ 〕	998.5
3位	アメリカ合衆国	983.4
4位	中国	960.0
5位	ブラジル	851.6
︙	︙	︙
最小	バチカン市国	0.00004

▲主な国の面積 (2018年)

順位	国名	人口(万人)
1位	〔 中国 〕	14億3932
2位	〔 インド 〕	13億8000
3位	アメリカ合衆国	3億3100
4位	インドネシア	2億7352
5位	パキスタン	2億2089
︙	︙	︙
最少	バチカン市国	0.08

▲主な国の人口 (2020年)

> 人口が多い国は, アジアに多い。

> 約46億人

アジア州

- ◉国名の由来
  - ◆人名・民族名に由来
    - コロンビア…探検家コロンブスに由来。
  - ◆自然に由来
    - **インド** …「大河」という意味のインダス川の古名から。
  - ◆位置などに由来
    - **エクアドル** …スペイン語で「赤道」の意味。

- 赤道
- エクアドル
- 南アメリカ大陸

- ◉国旗からもいろいろわかる!
  - ◆イギリスの植民地だった国は, 一部にイギリスの国旗をデザイン!

    - イギリス
    - オーストラリア
  - ◆イスラム教徒が多い国は, イスラム教の象徴である三日月と星をデザイン!

    - マレーシア
    - パキスタン

---

(1)緯度と経度

- ◉緯度と緯線
  - ◆ **緯度** …赤道を0度として, 南北をそれぞれ90度に分けたもの。
    - →赤道より北は北緯○○度, 南は南緯○○度で表す。
  - ◆ **緯線** …同じ緯度の地点を結んだ線。赤道と平行に引かれている。

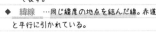
- イギリスの首都ロンドンを通る
- インドネシア
- 南アメリカ大陸の北部
- アフリカ大陸の中央部
- 赤道

★赤道と本初子午線はどこを通る?

- ◉経度と経線
  - ◆ **経度** …本初子午線を0度として, 東西をそれぞれ180度に分けたもの。
    - →本初子午線より東は東経○○度, 西は西経○○度で表す。
  - ◆ **経線** …同じ経度の地点を結んだ線。北極点と南極点を結ぶ。

緯度と経度のしくみ

[ ]に当てはまる語句を書きましょう。

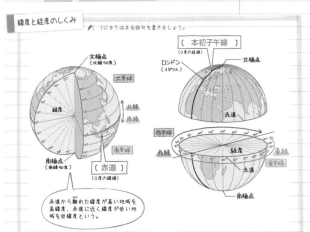
- 〔 本初子午線 〕
- 北極点（北緯90度）
- 北半球
- 北緯線
- 北緯
- 南緯
- ロンドン（イギリス）
- 赤道
- 西半球
- 西経
- 東経
- 経度
- 南半球
- 南極点（南緯90度）
- 〔 赤道 〕（0度の緯線）

> 赤道から離れた緯度が高い地域を高緯度, 赤道に近く緯度が低い地域を低緯度という。

(2)気温の差

- ◉気温の違い
  - ◆北極と南極に近づくほど（高緯度にいくほど）, 気温は **低く** なる。

- ◉なぜ, 気温差ができるのか?
  - ◆地球上の場所によって, 太陽光の当たる角度が違う。
  - ◆太陽から受け取るエネルギーの量に差ができ, 赤道付近で大きく, 北極や南極で小さくなる。
  - ◆北極・南極付近は赤道付近に比べて気温が **低く** なる。

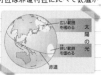
- 広い範囲を暖める
- 太陽の光
- 狭い範囲を暖める
- 赤道

★気温差ができるしくみ

> 北極点 赤道 南極点

(3)季節の違い

- ◉北半球と南半球は, 季節が逆になる。
  - →北半球が夏のとき, 南半球は **冬** になる。

- ◉なぜ, 季節の違いが生まれるのか?
  - ◆地球は地軸が傾いたまま太陽の周りを回る。
  - ◆場所と時期によって太陽の光の当たり方が異なり, 季節の違いができる。

> 用語 地軸とは? 地球の中心を通って, 北極点と南極点を結ぶ線で, 地球の回転軸。約23.4度傾いている。

- 地軸 約23.4度
- 北極点
- 南極点

★地軸の傾き

- 日本
- シンガポール
- オーストラリア
- 太陽
- 夏
- 冬
- 光

★季節の違いができるしくみ

(1)地球儀

◆ <u>地球儀</u> …地球をそのままの形で縮小した模型。
→面積・形・距離・方位・角度などを、同時に正しく表すことができる。

面積・形・距離・方位・角度などが正しい！

地球儀

◆地球儀を使った距離と方位の調べ方
◆ <u>距離</u> の調べ方
北極点と南極点を結んだ紙テープを20等分して目盛りを入れる。北極点と南極点の間の距離は約2万kmなので、1目盛りは約1000kmとなる。調べたい2地点にこのテープを当てて、目盛りを読み取る。

10目盛りなら、2地点間の距離は1000×10を計算して約10000km。

◆ <u>方位</u> の調べ方
直角にはり合わせた2本の紙テープの交わったところを、調べたい地点(基点)に置く。1本のテープを経線に合わせると、もう1本のテープの右は基点から東、左は西を示す。

基点から見てテープの右が東、左が西。

(2)さまざまな世界地図

◆ <u>世界地図</u> …地球の姿を平面上に表したもの。
→面積・形・距離・方位などを一度に正しく表すことができないので、目的に応じてさまざまな地図を使い分ける。

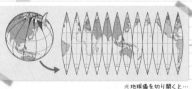

地球儀を切り開いて世界地図にしようとすると、地図がちぎれてしまう。

★地球儀を切り開くと…

◆緯線と経線が <u>直角</u> に交わる地図(メルカトル図法)
角度が正しい。
高緯度ほど実際の面積より拡大され、方位も正しくない。

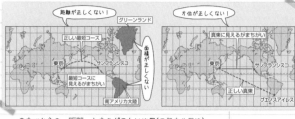

距離が正しくない！
グリーンランド
正しい最短コース
東京
サンフランシスコ
最短コースに見えるがまちがい
面積が正しくない
南アメリカ大陸

方位が正しくない！
真東に見えるがまちがい
東京
サンフランシスコ
正しい真東
ブエノスアイレス

◆中心からの <u>距離</u> と方位が正しい地図(正距方位図法)
中心以外の地点からの距離と方位は正しくない。

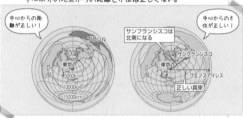

中心からの距離が正しい！
ブラジル
東京
5000km
10000km
15000km

サンフランシスコは北東になる
中心からの方位が正しい！
サンフランシスコ
東京
ブエノスアイレス
正しい真東

◆ <u>面積</u> が正しい地図(モルワイデ図法)
距離と方位は正しくない。
赤道から離れるほど、陸地の形がゆがむ。

面積が正しい！
→南アメリカ大陸は、グリーンランドの約8倍の大きさ。
グリーンランド
上のメルカトル図法では、グリーンランドが南アメリカ大陸よりも大きく描かれている。
南アメリカ大陸

---

(1)地球上の日本の位置

◆日本の位置
◆ <u>太平</u> 洋の北西部，ユーラシア大陸の東にある。

東経122度　東経154度
ユーラシア大陸
北緯46度
中国　日本
アメリカ合衆国
北緯20度　赤道
オーストラリア

★日本と緯度・経度が同じ国と地域

◆日本の緯度と経度
◆緯度…およそ <u>北緯 20</u> 度から46度の範囲。
◆経度…およそ <u>東経 122</u> から154度の範囲。

(2)ほかの国々との位置関係

◆日本と同緯度の国…アメリカ合衆国や中国，ヨーロッパ <u>南</u> 部やアフリカ北部の国々など。
◆日本と同経度の国…南半球の <u>オーストラリア</u> など。
◆日本から近い国…ユーラシア大陸の <u>中国</u> ・ロシアや，朝鮮半島の <u>韓国</u> ・北朝鮮など。
◆日本から遠い国…南アメリカ大陸の <u>ブラジル</u> やアルゼンチンは，地球上で日本の反対側にある。

日本
ブラジル

(3)世界との時差

◆標準時
◆国や地域の基準となっている時刻を <u>標準時</u> といい，各地の標準時のずれを時差という。
◆日本の標準時…兵庫県 <u>明石</u> 市を通る東経 <u>135</u> 度の経線(標準時子午線)上の時刻。

◆時差の求め方
◆地球は1日(24時間)で1回転(360度)している。そのため，360(度)÷24(時間)＝ <u>15</u> (度)で，経度 <u>15</u> 度ごとに1時間の時差が生まれる。

◆日本とイギリスのロンドンとの時差
①2都市間の経度差を求める
日本の標準時子午線は東経135度で，イギリスのロンドンは経度0度なので，経度差は <u>135</u> 度。
②経度差から，時差を計算する
経度15度で1時間の時差が生まれるから，135(度)÷15(度)＝ <u>9</u> で，時差は <u>9</u> 時間となる。

◆日本とアメリカ合衆国のニューヨークとの時差
①2都市間の経度差を求める
ニューヨークは西経75度の経線を標準時子午線としているので，日本との経度差は75(度)＋135(度)＝ <u>210</u> (度)。
②経度差から，時差を計算する
210(度)÷15(度)＝ <u>14</u> で，時差は <u>14</u> 時間となる。

(本初子午線)
180度　西経75度　0度　東経135度
ニューヨーク　　　　　日本
75°　135°
75°＋135°＝210°

★日本とニューヨークの経度差

注意
西半球にある国(都市)と東半球にある国(都市)との経度差は，それぞれの経度を見て求める。

◆日付変更線
◆ほぼ <u>180</u> 度の経線に沿って引かれている。
◆この線を西から東に越えるときは，日付を1日遅らせ，東から西に越えるときは日付を1日進める。

ロンドン
午前0時

東京
午前9時

地球の回転する方向
0時

ニューヨーク
午後7時

太陽の光

★世界各地の時刻と位置の関係

(1)日本の領域
◆国の領域
　領土（陸地），領海（領土から一定の範囲内の海域），
　領空（領土と領海の上空）からなる。

◆日本列島
　◆大きい順に 本州 ，北海道， 九州 ，四国の
　　4つの大きな島と周辺の小さな島々からなる。
　◆日本の国土面積は約 38 万km²。

◆東西南北の端の島
　◆東端は南鳥島（東京都），西端は 与那国 島（沖縄
　　県），南端は沖ノ鳥島（東京都），北端は 択捉 島（北海道）。

領空・領海・領土

日本の東西南北の端の島
✐〔　〕に当てはまる島の名を書きましょう。

北端
〔 択捉 〕島

南鳥島は「南」がつくが，
東端の島。

西端
〔 与那国 〕島

東端
〔 南鳥 〕島

南端
〔 沖ノ鳥 〕島

◆領土の周りの海
　◆領海…日本は海岸線から 12 海里の範囲としている。
　◆ 排他的経済水域 …沿岸国が水産資源や鉱産資源を利
　　用する権利をもつ水域のこと。領海の外側で海岸線から
　　200海里以内の水域。
　　→日本は離島が多いため排他的経済水域が広く，領海と排
　　他的経済水域の面積の合計が国土面積の10倍以上もあ
　　る。

(2)領土をめぐる対立
◆北方領土
　◆北海道北東部の歯舞群島，色丹島， 国後 島，択
　　捉島からなる。
　◆第二次世界大戦後，ソ連が占領し，ソ連解体後
　　ロシア（連邦）が引き続き不法に占拠している。

◆ 竹島
　◆島根県に属する島。1950年代初めから， 韓国 が自国
　　の領土だと主張し，不法に占拠している。

◆ 尖閣 諸島
　◆沖縄県に属する島々。明治時代に日本が領土であること を
　　宣言し，国際的にも認められてきた。1970年代から中国・台
　　湾が自らの領土だと主張するようになった。
　　→2012年，日本政府が大半を国有化する。

★領有をめぐって対立がある島

(3)日本の都道府県と県庁所在地
◆都道府県…1都（東京都），1道（北海道），2府（ 京都 府，
　大阪 府），43県の計47都道府県。

◆都道府県所在地…都道府県庁が置かれた都市。
　→北海道 札幌 市，愛知県 名古屋 市，兵庫県
　　神戸 市など，都道府県名と都道府県庁所在地名が異な
　　るところは全部で18ある。（埼玉県のさいたま市を含む）

(4)日本の地域区分
◆7地方区分
　北海道地方， 東北 地方，関東地方， 中部 地方，
　近畿地方，中国・四国地方， 九州 地方。

◆細かい地域区分
　◆中部地方… 北陸 ，中央高地，東海。
　◆中国・四国地方…山陰， 瀬戸内 ，南四国。

★7地方区分

---

(1)暑い地域に暮らす人々
◆太平洋の島々の暮らし（サモア）
　◆自然…熱帯に属し，海岸に マングローブ が広が
　　る。周りの浅い海にはさんご礁。
　◆伝統的な住居…壁がなく，風通しがよい。
　◆食事…タロいもやココやし，バナナを使った料理。

サモアの主食タロいも
バナナの葉などで包み，蒸し
焼きにしたり，にたりして食
べる。

◆赤道周辺の暮らし（インドネシアやマレーシア）
　◆自然…熱帯。スコールが降る。
　　熱帯雨林（熱帯林）が広がる。
　◆伝統的な住居…湿気を防ぐための
　　高床 の住居がみられる。
　◆食事…熱帯性作物の 米 が主食。

地面から床を離すこ
とで，湿気や熱がこ
もらないようにする。

(2)乾燥した地域に暮らす人々
◆サヘル（サハラ砂漠の南側）やアラビア半島の暮らし
　◆住居…降水量が少なく，草木がほとんど育たない乾燥帯
　　→土を原料にした 日干しれんが の住居がみられる。
　◆生活…乾燥に強いひえ・もろこしなどの焼畑農業や，
　　やぎ・らくだ・羊などの遊牧。オアシスでかんがい農業。

◆草原の暮らし（モンゴル）
　◆生活…木々が育たず，農作物の栽培に不向き。
　　→羊・馬・やぎ・牛の遊牧生活を行う人々が
　　住む。しぼった乳で乳製品を作る。
　◆住居… ゲル と呼ばれる，移動しやすい組
　　み立て式の住居がみられる。

天井や天井には，羊毛
からつくったフェルト
が使われている。

(3)温暖な地域に暮らす人々
◆スペインやイタリアの暮らし
　◆住居…夏の強い日ざしを防ぐための，窓が小さく壁が厚
　　い石の住居。壁を白く塗って日ざしをはね返す。
　◆生活…乾燥する夏に適したオリーブやぶどうを栽培。
　　→オリーブからオイル，ぶどうから ワイン 。

(4)寒い地域に暮らす人々
◆寒暖の差が大きい地域の暮らし（シベリア）
　◆自然…冷帯（亜寒帯）に属し， タイガ （針葉樹林）が広
　　がる。永久凍土の地域もある。
　◆住居…窓を二重・三重にした壁の厚い住居で，冬の寒さ
　　をしのぐ。
　◆衣服…トナカイや馬などの毛皮でできた保温性が
　　高いコート・ブーツ・帽子を着用。

建物からの熱で永久
凍土が解けて，建物
が傾かないように，高
床になっている住居。

◆北極圏の暮らし（カナダ北部）
　◆自然…寒帯に属し，雪と氷に覆われる。
　◆生活…先住民のイヌイットは伝統的なあざらし・カリ
　　ブー（トナカイ）猟や漁業を行ってきた。
　◆住居…冬は雪をれんが状にして
　　積み上げた イグルー ，夏は
　　あざらしの皮や流木を使ったテン
　　ト。
　◆衣服… あざらし やカリブー
　　（トナカイ）の毛皮でつくった暖か
　　い衣服を着て，寒さをしのぐ。

近年，イヌイットの生活
は近代化しており，電
気や暖房のある住居に
住み，移動はスノー
モービルを利用。

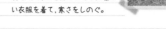

(5)高地に暮らす人々
◆アンデス高地の暮らし（ペルー・ボリビア）
　◆自然…高山気候。赤道に近いが標高が高いため，涼しい。
　　年間の気温差は小さいが，昼と夜の気温差は大きい。
　◆生活…主食はじゃがいも。標高に合わせて栽培する農作物
　　を変える。標高が高い場所ではリャマやアルパカを放牧。
　　→ アルパカ の毛を利用したポンチョと呼ばれる衣服
　　を着用。 リャマ は主に輸送に利用する。

アルパカ　　毛を利用して　　リャマ　　　荷物の運搬に利用
　　　　　　ポンチョをつくる

リャマより
小型

1) 世界の気候

◆気候帯…世界の気候は熱帯，乾燥帯， 温帯 ，冷帯(亜寒帯)，寒帯の5つの気候帯に大きく分けることができる。
　→気温や降水量の変化により，さらに細かい気候区に区分。

◆気候帯の分布…赤道周辺に 熱帯 ，緯度が高くなるにつれて温帯から冷帯，北極や南極付近は 寒帯 が広がる。

> 乾燥帯は緯度が20～30度付近や内陸部に広がる。

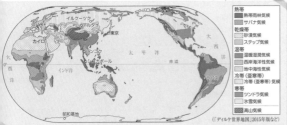

(「ディルケ世界地図」2015年版など)

☆世界の気候区

2) 各気候帯と気候区の特徴

◆熱帯…一年中高温。
◆ 熱帯雨林 気候…一年中降水量が多い。熱帯雨林(熱帯林)が広がる。
◆ サバナ 気候…雨季と乾季がはっきり分かれる。樹木がまばらに生えた，長い草の草原(サバナ)が広がる。

◆乾燥帯
◆ 砂漠 気候…降水量がほとんどなく，砂や岩の砂漠が広がる。
◆ ステップ 気候…やや降水量があり，短い草の草原(ステップ)が広がる。

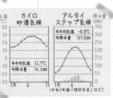

◆温帯…温暖。四季の変化がはっきりしている。
◆ 温暖湿潤 気候…1年を通して降水量が 多く ，夏と冬の気温差が大きい 。
◆ 西岸海洋性 気候… 偏西風 と暖流の北大西洋海流の影響で，冬も高緯度のわりに温暖。1年を通して平均した降水量がある。
◆ 地中海性 気候…夏は 乾燥 し，冬は雨が比較的多い。冬でも温暖。

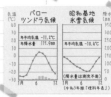

(令和3年版「理科年表」など)

◆ 冷(亜寒) 帯
◆ 冷(亜寒) 帯気候…冬の寒さがとても厳しく，夏は短い。夏と冬の気温差が大きい。 タイガ と呼ばれる針葉樹林が広がる。
　→北半球だけにみられる気候帯。

(令和3年版「理科年表」)

◆寒帯…厳しい寒さで樹木が育たない。
◆ ツンドラ 気候…1年を通じて低温だが，夏の間だけは地表の氷が解けて，草やこけ類が少し生える。
◆ 氷雪 気候…1年を通じて低温で，氷と雪に覆われる。

◆高山気候…標高が高い地域にみられ，周りの標高が低い地域に比べて気温が低い。昼と夜の気温差が大きく，年間の気温差は小さい。

> 標高が100m高くなるごとに，気温は約0.6度下がるとされている。

(令和3年版「理科年表」など)

---

1) 世界の衣服

◆衣服の役割…寒さや暑さ，強い日ざしなどをしのぐ。
　→気候の違いに合わせて，さまざまな素材や形の衣服が着用されている。

さまざまな衣服

◆乾燥した地域や暑い地域
　 風通し がよい衣服。

> 木綿や麻などを素材とするゆったりとした衣服。

(Cynet Photo)

◆寒さが厳しい地域
　動物の 毛皮 を素材とする衣服。

> 保温性が高い服や帽子，手袋などを着用。

(Cynet Photo)

2) 世界の食事

米
東アジアから東南アジアにかけての地域の主食。
→ごはん(炊く)・チャーハン(炒める)・めん類などにする。

ごはん

小麦
ヨーロッパをはじめとする世界の広い地域の主食。
→小麦粉にして，パン・パスタ・うどんなどに加工。

パスタ

とうもろこし
中央アメリカ・南アメリカ・アフリカ東部・南部の主食。
→粒からトルティーヤやウガリをつくる。

トルティーヤ

3) 世界の住居

◆伝統的な住居…地域ごとの気候や生活習慣に合わせた工夫がみられ，入手しやすい材料を用いてつくられている。
◆暑くて雨が多い地域…湿気を防ぐ 高床 の住居。
◆乾燥した地域…土からつくった 日干しれんが の住居。
◆日ざしが強い地域…窓が小さく，壁が厚い住居。
◆現在の住居…コンクリート製住居や高層マンションが増加。

> モンゴルの遊牧民のように，組み立て式の住居で暮らす人々もいる。

(4) 世界の宗教と暮らし

◆三大宗教(世界宗教)
◆ 仏教
　・起源…南アジアのインド。 ・教典…「経」。
　・習慣…東南アジアのタイなどでは，托鉢が行われている。
◆ キリスト教
　・起源…西アジアのパレスチナ地方。
　・教典…「聖書」。
　・習慣…日曜日に教会へ礼拝に行く。
◆ イスラム教
　・起源…西アジアのアラビア半島。
　・教典…「コーラン(クルアーン)」。
　・習慣…1日5回，聖地メッカの方角に向かって祈りをささげる。豚肉を食べず，お酒を飲まない。「ラマダーン」と呼ばれる断食月に，日中の断食をする。

> イスラム教のきまりを守った食品(ハラル)には，それを示すマークがつけられている。

礼拝中

キリスト教
ヨーロッパ，南北アメリカ，オセアニアなどに分布。

仏教
東南アジアから東アジアなどに分布。

イスラム教
北アフリカ，西アジア，東南アジアのインドネシア・マレーシアなどに分布。

□[キリスト教] □[仏教] □[イスラム教] □[その他]
□ヒンドゥー教 ☑仏教・儒教・神道が重なる地域

☆宗教の分布図

◆民族宗教…特定の民族に信仰されている宗教。
◆ ヒンドゥー 教
　主にインド人が信仰。牛を神聖なものとして食べない。インド・ネパールなどに信者が多い。
◆ ユダヤ 教
　ユダヤ人が信仰。イスラエルはユダヤ教徒のユダヤ人が建国。
◆ 神道
　日本人が信仰。自然崇拝などがもとになっている。

> ヒンドゥー教には，沐浴の習慣もある。

> 聖なる川・ガンジス川につかり，身を清める。

(1) アジアの自然と文化

◎アジアの地形

◆山地…中央部に,「世界の屋根」と呼ばれる
ヒマラヤ 山脈やチベット高原がある。

◆河川…中国北部に青河,中部に 長江 。
ほかにもメコン川やインダス川などの大河。
→流域に平野が広がり,都市が発展。

★アジア州の地域区分

アジアの地形

🖊〔 〕にあてはまる地形の名を書きましょう。

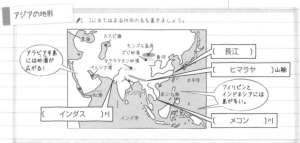

アラビア半島には砂漠が広がる!

フィリピンとインドネシアには島が多い。

〔 長江 〕
〔 ヒマラヤ 〕山脈
〔 インダス 〕川
〔 メコン 〕川

◎アジアの気候

◆温潤な地域…東アジア(一部)や東南アジア,南アジア。
季節風 (モンスーン)の影響を受け,雨が多い雨季と雨が少ない乾季がある。

季節風は,夏は海洋から大陸へ,冬は大陸から海洋へ向かって吹く。

◆乾燥した地域…西アジアや中央アジア,東アジアの内陸部。

◆寒さが厳しい地域…シベリアは寒帯や冷帯が広がる。

◎アジアの人口と宗教

◆人口…世界の総人口の約 6 割が集中。都市化が進み,巨大都市が誕生。都市問題が発生。

◆宗教
・ 仏 教…東アジアや東南アジア。
・ イスラム 教…西アジアや中央アジア。
・ ヒンドゥー 教…インド。
・キリスト教…フィリピンなど。

★中国最大の都市シャンハイ
(Cynet Photo)

(2) 中国

◎人口と民族

◆人口…14億人超。インドと並んで人口が多い。
→人口増加を抑えるために 一人っ子 政策。

急激な少子高齢化によって,「一人っ子政策」は2015年に廃止された。

◆民族…約9割を占める 漢(漢民) 族と,多くの少数民族が暮らす。

◎農業…東部の平野が中心。西部は放畜。

◆華中・華南地域…長江やチュー川が流れ,降水量が多い。 稲 作が中心。
→さとうきびや茶の栽培もさかん。

◆華北地域・東北地方…黄河などが流れ,降水量が少ない。 畑 作が中心。
→小麦や大豆,とうもろこしを栽培。

★中国の農業地

◎工業・経済の発展と課題

◆沿岸部に 経済特区 を設置して,外国企業を誘致。
→急速に工業化が進む。世界各地に工業製品を輸出していることから,「世界の工場」と呼ばれる。

◆経済も発展し,「世界の市場」とも呼ばれる。

◆課題…大気汚染などの環境問題。沿岸部に住む人と内陸部に住む人との収入の差(経済 格差)。

★経済特区

(3) 韓国

◎文化…日本と古くから関わりが深く,似ている点も多い。

◆ ハングル …独自の文字。 ◆食事…キムチなど。
◆儒教…祖先や年長者を敬う。

◎産業と都市

◆1960年代から工業化が進み,シンガポールや台湾などとともにアジア NIES (新興工業経済地域)の1つ。
→1990年代以降は ハイテク (先端技術)産業が成長。

◆政治や経済の面で,首都ソウルへの一極集中が進む。

高い技術力が必要な工業製品を生産している。

薄型テレビ・スマホ

(1) 東南アジアの国々

◎民族

◆1つの国の中に多くの民族が暮らす多民族国家が多い。

◆ 華人 …中国系の人々。経済分野で活躍。

◎農業

◆大河流域の平野で稲作がさかん。1年に2回米をつくる 二期作 もさかん。

東南アジアで稲作がさかんなわけは?高温で雨が多い気候が,稲作に適している!

◆植民地時代に開かれた プランテーション (大農園)で輸出用の農作物を栽培。
→天然ゴム,コーヒー,油やしなど。

パンコク

◎工業

◆工業団地に外国企業が進出し,工業化が進む。
→日本など世界各国へ工業製品を輸出。

東南アジアの国々の輸出品の変化

🖊〔 〕にあてはまる輸出品を書きましょう。

マレーシア

1980年 129億ドル
石油 23.8% / 天然ゴム 16.4 / 機械類 10.9 / 9.3 / 木材 / パーム油 / その他

2018年 2473億ドル
石油製品 4.2% / 2.3 / 液化天然ガス4.0 / その他 / 原油3.8 / 〔 機械類 〕

タイ

1980年 65億ドル
野菜 / 米 14.9% / 11.1 / 9.3 / すず / 機械類6.0 / 天然ゴム / その他

2018年 2525億ドル
31.2 / 12.1 / プラスチック4.9 / その他 / 〔 自動車 〕

(2020/21年版「世界国勢図会」)

★各国の輸出品の変化

◎各国の結びつきと都市問題

◆ ASEAN (東南アジア諸国連合)…東南アジアの国々が加盟し,政治的・経済的な結びつきを強化。
→加盟国間の貿易で関税をなくす取り組み。

◆都市に人口が集中し,交通渋滞などの都市問題が発生。
→生活環境の悪い スラム が形成される。

(2) 南アジアの国々

◎農業

◆ 稲 作…降水量が多いガンジス川下流域など。

◆ 小麦 …降水量が少ないガンジス川上流域など。

◆ほかにも茶や綿花の栽培がさかんで,多くを輸出。

茶はアッサム地方やスリランカ,綿花はデカン高原が大産地。

茶		
計634万t		
中国 41.2%	インド	その他
	ケニア 7.8	
	スリランカ 4.8	

(2018年)

綿花		
計2419万t		
中国 25.2%	インド 19.4	その他
	アメリカ 16.6	
	パキスタン 6.9	

(2018年) (2020/21年版「世界国勢図会」)

★茶・綿花の生産量の割合

◎インドの工業

◆古くから綿工業や製鉄業が発展。

◆1990年代以降,外国企業を受け入れて工業化。

◆ ICT (情報通信技術)産業が大きく成長。
→ベンガルールなどに欧米企業が進出。

◎人口の増加と課題への取り組み

◆人口が急増。 インド の人口は13億人超。
→将来的に,食料やエネルギー資源が不足。

◆取り組み…品種改良や農薬の使用で穀物生産量を増やす。 再生可能 エネルギーの利用。

★アメリカとインドの仕事のやり取り

(3) 西アジア・中央アジアの国々

◎鉱業

◆西アジア… ペルシア(ペルシャ) 湾岸は石油の一大産地。
→産油国は OPEC (石油輸出国機構)を結成。

サウジアラビア	ベネズエラ	カナダ	イラク		
18.0%	15.9	10.0	9.2	8.8	その他
			イラン		

計2676億kL(2020年) (2020/21年版「世界国勢図会」)

★石油の埋蔵量の割合

日本は,西アジアの国々から石油を大量に輸入している。

ペルシア湾岸の国々が上位!

◆中央アジア…石油や石炭,レアメタルなどが豊富。

(1) ヨーロッパの自然

◎地形

◆北部…スカンディナビア半島の西側の海岸線に氷河の侵食によってできた **フィヨルド** がみられる。

◆中部…なだらかな丘陵や平原が広がる。
国際河川の **ライン** 川・ドナウ川が流れる。
→交通路としても重要な役割を果たす。

◆南部…イタリア・フランス・オーストリアなどの国境に、氷河に覆われた **アルプス** 山脈が連なる。

◎気候

◆全体的に日本より高緯度に位置するが、暖流の北大西洋海流と **偏西風** の影響を受け、高緯度のわりに比較的温暖な気候。

◆西部は **西岸海洋性気候** 、地中海沿岸は地中海性気候、東部と北部は主に冷帯（亜寒帯）に属する。

> **用語** 国際河川とは？
> 流域の国を流れ、どの国の船でも自由に航行できる川。アジアのメコン川、南アメリカのアマゾン川などがある。

★ヨーロッパと日本の緯度

> ロンドンのほうが高緯度に位置するが、年平均気温は札幌よりも約3度高い！

(2) ヨーロッパの言語・民族と文化

◎ヨーロッパの言語と民族…ヨーロッパの言語は大きく3つに分けられ、民族も言語と同じように3つに分けられる。

◆ **ゲルマン** 系言語…主に北西部に分布。英語・ドイツ語・スウェーデン語など。

◆ **ラテン** 系言語…主に南部に分布。フランス語・イタリア語・スペイン語など。

◆スラブ系言語…主に東部に分布。ロシア語・ポーランド語・ブルガリア語など。

◆民族…大きくゲルマン系・ラテン系・スラブ系に分類。

◎ヨーロッパの文化

◆ **キリスト** 教が生活の基盤にある。
→町の中心に教会があり、日曜日には礼拝する。
→近年、アフリカやトルコからの移民が増え、 **イスラム** 教を信仰する人が増えている。

(3) ヨーロッパの統合

◎歩み

◆1967年、ヨーロッパの経済的結びつきを強めるために、 **EC** （ヨーロッパ共同体）を結成。

◆1993年、経済的協力に加えて、政治的な結びつきを強めるためにEU（ヨーロッパ連合）に発展。

> 2020年にイギリスがEUを離脱し、加盟国は27か国となった。

★EU加盟国の推移

凡例：
- EC発足当時（1967年）の加盟国
- EU発足当時（1993年）の加盟国
- 1995年の加盟国
- 2004年以降の加盟国

◎EUの政策

◆共通通貨 **ユーロ** を導入。
→両替の手間がなくなり、経済的な壁がなくなる。

◆貿易の自由化を進める。加盟国間の貿易で、輸入品にかかる **税金** （関税）を撤廃。

◆多くの加盟国間で国境を越える際にパスポートが不要。

◆医師や弁護士などの仕事の資格が共通（一部を除く）。

> スウェーデンやデンマーク、ルーマニアなどはユーロを導入せず、独自の通貨を使っている。

◎交通網の整備

イギリスとフランスを結ぶ **ユーロスター** ・ドイツのICEなどの高速鉄道や高速道路網、航空路線を整備。
→ヨーロッパ各国のつながりが密接に。

◎EUの課題

◆経済格差…ドイツやフランスなど経済力が強い国と、ギリシャ・ポルトガル・東ヨーロッパ諸国など、経済力が弱い国との経済格差が深刻。

◆失業率の上昇…賃金の安い東ヨーロッパの国々から、豊かな西ヨーロッパの国々へ出稼ぎに行く労働者が増加。
→西ヨーロッパにもともと住む人の失業率が上昇。
→東ヨーロッパの国々では人材の流出や労働力不足が深刻。

> 一人あたりの国民総所得（GNI）の差が、最大で10倍近くにもなる！

7.5万ドル ルクセンブルク
0.9万ドル ブルガリア
約8倍！

---

(1) ヨーロッパの農業

◎北部から中部の農業

◆ **混合** 農業…食用作物・飼料作物の栽培と、家畜の飼育を組み合わせる。
→フランスでは **小麦** の生産がさかんで、生産量・輸出量は世界有数。「EUの穀倉」と呼ばれる。

> ヨーロッパの混合農業の内容
> ・食用作物…小麦・ライ麦・じゃがいもなど。
> ・飼料作物…大麦・えん麦など。
> ・家畜…豚・肉牛など。

◆ **酪農** …乳牛を飼育し、牛乳・ **チーズ** ・バターなどの乳製品を生産する。

◎南部の農業

◆地中海式農業…乾燥する夏に **ぶどう** ・オリーブ・オレンジなどの果樹を栽培。やや雨が多くなる冬に **小麦** などを栽培。

★ヨーロッパの農業地域
（「ディルケ・アトラス」2015年版ほか）

凡例：混合農業／地中海式農業／森林・その他／酪農・放牧／園芸・果樹／小麦／ぶどう

★フランスの小麦畑
(Cynet Photo)

地中海式農業による農作物（生産量の割合）

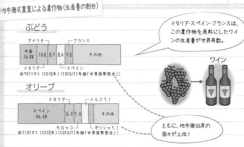

ぶどう
中国 16.9% アメリカ 10.8 イタリア 8.4 フランス 7.8 スペイン その他
計7913万t（2018年）「2020/21年版「世界国勢図会」」

オリーブ
スペイン 36.6% イタリア 8.9 モロッコ トルコ7.1 ギリシャ5.1 その他
計2109万t（2018年）「2020/21年版「世界国勢図会」」

> イタリア・スペイン・フランスは、この農作物を原料にしたワインの生産量が世界有数。

ワイン

> ともに、地中海沿岸の国々が上位！

◎EUの農業政策…域内の農家や地域に補助金を出して保護してきたが、補助金が増えて財政が苦しくなったので見直す。

(2) ヨーロッパの鉱工業

◎ヨーロッパの工業地域の変化

◆18世紀の半ばから、イギリスなどで工業が発達。

◆地域で産出する鉄鉱石や石炭などの資源をいかし、ドイツの **ルール** 工業地域などで重工業が発達。

◆1960年代以降、工業の中心は石油化学工業に変化していき、石油の輸入に便利な沿岸部に工場が進出。

◆近年は大都市近郊で医薬品や航空機などを生産するハイテク（先端技術）産業が発達。
→国際的な分業で **航空機** を生産。フランスのトゥールーズなどに最終組み立て工場。

> 西ヨーロッパの国々では、世界で最初に近代工業が発達した。

> 航空機の部品を各国で生産。

★国際分業による航空機生産

凡例：フランス／ドイツ／イギリス／ベルギー／スペイン

(3) 環境問題の発生と対策

◎環境問題の発生

◆自動車や工場からの排出ガスに含まれる硫黄酸化物や窒素酸化物を原因とする **酸性雨** が降る。
→国境を越えた広い地域で、森林が枯れるなどの被害。

◆ライン川などで、工場廃水などによる水質汚濁が進む。

◆ **地球温暖化** …二酸化炭素などの温室効果ガスが原因で地球の気温が上昇し、異常気象などを引き起こす。

> 火力発電所・工場・自動車などから酸性物質が排出される
> 風にのって運ばれる

◎ヨーロッパでの環境対策

◆自動車の排出ガスを減らすために **自転車** の利用を推進。自転車専用道路や駐輪場などを設ける。
→パークアンドライドも積極的に活用。

◆環境にやさしい風力や太陽光などの **再生可能** エネルギーの導入やリサイクルの徹底を進める。

> **用語** パークアンドライドとは？
> 都市郊外で暮らす人が最寄りの鉄道駅に車をとめ、列車などに乗り換えて通勤・通学する取り組み。都市中心部では自転車なども利用される。

STATION

(1) アフリカの自然

○地形と気候
- ◆河川…東部を **ナイル** 川が南北に流れ、地中海に注ぐ。
- ◆砂漠…北部に世界最大の **サハラ** 砂漠が広がる。
  - →その南側にサヘルと呼ばれる乾燥地域が広がり、植物が育たない荒れ地が拡大する **砂漠化** が深刻。
- ◆気候…中央部は、**赤道** が通り、熱帯に属する。
  - →南北に行くにつれて、乾燥帯・温帯が広がる。

> 砂漠化の原因は、干ばつや、人口増加によるまきのとりすぎなど。

(2) アフリカの歴史と文化

○歴史
- ◆16世紀以降、多くの人が **奴隷** として南北アメリカ大陸へ連れていかれる。
- ◆19世紀末までに、広い地域がヨーロッパ諸国の **植民地** となる。
- ◆1960年代に多くの国が独立。
- **○宗教・言語**…サハラ砂漠より北では主にイスラム教とアラビア語。サハラ砂漠より南では伝統宗教やキリスト教と、植民地支配していた国の言語。

凡例：独立国／イギリス領／フランス領／ドイツ領／その他の領土

★植民地下のアフリカ（1904年）

(3) アフリカの産業

○農業の様子
- ◆植民地時代に **プランテーション** 農業が始まり、大農園で輸出用作物を栽培→現在でも重要な輸出品。
- ◆ギニア湾岸のコートジボワール・ガーナ・ナイジェリアで、**カカオ** の栽培がさかん。

カカオ → チョコレート

コートジボワール	ガーナ	ナイジェリア	その他
37.4%	18.1	11.3 6.3	

インドネシア 7.4 ─ カメルーン 5.9
計525万t（2018年）

> カカオはチョコレートの原料！

★カカオの生産量の割合

- ◆ケニアで茶、エチオピアでコーヒーの栽培。
- ◆伝統的な焼畑農業や牧畜も行われている。乾燥帯の地域では、移動しながら家畜を飼育する遊牧。

(4) アフリカの鉱産資源

- ◆南アフリカ共和国の **金**、ボツワナのダイヤモンド、ザンビアの銅、ナイジェリアの石油など、鉱産資源が豊富。
  - →各国にとって重要な輸出品。
- ○ **レアメタル**（希少金属）…埋蔵量が少なく、取り出すことが難しい金属。コバルト・マンガンなど。アフリカ南部を中心に産出。

凡例：■原油／▲天然ガス／▲石炭／◆鉄鉱石／◆金／●銅／○ダイヤモンド／○レアメタル（赤字は主な金属）

★アフリカの鉱産資源

ダイヤモンド (2016年) 計1.3億カラット	ロシア 30.1%		17.3	15.3	10.4	9.7	その他

コンゴ民主共和国 ─ ボツワナ
オーストラリア ─ カナダ

マンガン (2015年) 計1700万t	南アフリカ共和国 34.7%		中国 12.3	11.3	7.2 6.2	その他

ブラジル ─ ガボン
オーストラリア ─
（2020/21年版「世界国勢図会」）

★アフリカで産出がさかんな鉱産資源の生産量の割合

> レアメタルは、携帯電話など、最新の電子機器に欠かせない金属で、近年、需要が高まっている。

(5) アフリカの課題

- ◆多くの国が特定の鉱産資源や農作物の輸出に頼る **モノカルチャー** 経済で、国の収入が不安定。
- ○ **難民** の発生…民族や宗教の違いなどから起こる内戦や紛争、干ばつによる食料不足などが主な原因。
  - ※本来の居住地を離れなければならなくなった人々
- ◆生活環境の悪い **スラム** の形成や、人口増加による食料不足などの問題も深刻。

> **なぜ？**
> 民族対立の背景は？
> 植民地時代、欧米諸国は民族の分布を考慮せずに、緯線経線に沿って境界線を引いた。現在の国境線にもそのなごりがみられ、民族対立の背景のひとつになっている。

国境

(6) アフリカと世界の国々

- ◆アフリカの50を超える国と地域が **AU**（アフリカ連合）を結成→アフリカの政治的・経済的な結びつきを強化。
- ◆先進国や **NGO**（非政府組織）が資金や技術の援助、医療支援などを行って、ともに課題の解決に取り組む。

---

(1) 北アメリカの自然

○地形
- ◆山地…西部に険しい **ロッキー** 山脈、東部になだらかなアパラチア山脈が南北に連なる。
- ◆河川…アメリカ合衆国の中央を **ミシシッピ** 川が流れる。
  - →その西にプレーリー、グレートプレーンズ。

> プレーリーは丈の長い草が生える草原、グレートプレーンズは高原状の大平原。

- ◆湖…アメリカ合衆国東部とカナダ東部の国境に **五大湖** と呼ばれる5つの湖がある。

○気候
- 熱帯から寒帯までさまざまな気候。大陸南東部などでは、ハリケーン（台風に似た熱帯低気圧）による被害も。

アンカレジ 年平均気温2.8℃ 年降水量413.1mm／ロサンゼルス 年平均気温17.3℃ 年降水量322.0mm／マイアミ 年平均気温25.2℃ 年降水量1558.9mm
（令和3年版「理科年表」）

> アメリカ合衆国の気候は、降水量により西経100度付近を境に大きく2つに分けられる。西経100度より東側は温帯、西側は乾燥帯。

★アメリカ合衆国の主な都市の雨温図

(2) 北アメリカの歩み

- ◆もともとはアメリカインディアンやエスキモー（カナダではイヌイット）などの **ネイティブアメリカン** と呼ばれる先住民が狩猟と採集の生活を送っていた。

- ◆16～17世紀以降、ヨーロッパからの **移民** がやってくる。
  - →イギリスとフランスがアメリカ合衆国とカナダを、スペインがメキシコ以南やキューバを植民地支配。
- ◆アフリカ大陸から強制的に多くの人々が連れてこられる。
  - →奴隷として農場労働に従事。

(3) 北アメリカの農業

○アメリカ合衆国の農業の特色
- ◆ **企業的** な農業…大農場を経営する農場主が労働者を雇って作業させる。
  - →大型機械を使い、少ない人手で大量に農作物を生産。

> バイオテクノロジーをいかした種開発、農薬や化学肥料の利用などもさかん。

- ◆「世界の食料庫」と呼ばれ、世界各地に食料を輸出。
  - →小麦・とうもろこし・大豆などの輸出量は世界有数。

小麦 計2.0億t	アメリカ 16.8%	13.9	11.2	8.8	その他

カナダ ─
ロシア ─ オーストラリア ─ ウクライナ

とうもろこし 計1.6億t	アメリカ 32.9%	ブラジル 18.1	14.7	12.0	その他

ロシア 3.2 ─
アルゼンチン ─ ウクライナ

大豆 計1.5億t	ブラジル 44.9%	アメリカ 36.5	その他

パラグアイ 4.0 ─ カナダ 3.1 ─
アルゼンチン 4.9 ─
（いずれも2017年）（2020/21年版「世界国勢図会」）

★小麦・とうもろこし・大豆の輸出量の割合

> アメリカ合衆国の穀物メジャーは、小麦などの穀物の売買から種子や農業の開発、気象情報の提供など、アグリビジネスに関わる産業を支配している。

- ◆ **穀物メジャー** と呼ばれる穀物を扱う大企業が、世界の穀物価格や流通に大きな影響を与えている。

○アメリカ合衆国の農業地域
- ◆地域の気候や土壌に合った農作物を栽培する **適地適作** が行われている。

> センターピボット方式によるかんがい農業やフィードロットなどで効率的な生産を行う。

アメリカ合衆国の農業地域

（ ）に当てはまる農作物や農業を書きましょう。

プレーリーの北部や中部で〔 **小麦** 〕の栽培！

五大湖周辺では、〔 **酪農** 〕がさかん！

南部では、かつて黒人奴隷を使って〔 **綿花** 〕づくりがさかんだった！

凡例：□小麦／□とうもろこし・大豆／□酪農／□綿花／■地中海式農業／■フィードロット／□放牧／□その他の農業
（Goode's World Atlas 2010など）

(1) 北アメリカの鉱工業
●アメリカ合衆国の工業の変化
◆19世紀以降、五大湖 周辺では、重工業が成長。

→ピッツバーグで 鉄鋼業 が発達。

→デトロイトで自動車工業が発達し、流れ作業による 大量生産 方式が導入された。

> 鉄鉱石や石炭などの鉱産資源が豊富で、水上交通の便もよかった。

↓

◆20世紀後半、他国との生産競争で遅れをとるようになったため、先端技術（ハイテク） 産業に力を入れる。

→航空宇宙産業、コンピューター関連産業、エレクトロニクス産業、バイオテクノロジーなどで世界をリード。

→現在は北緯37度以南の サンベルト に工業の中心が移っている。

> なぜ！
> サンベルトの発展理由
> 温暖で安くて広い土地と豊かな資源があり、労働力も豊富だった。

アメリカ合衆国の鉱工業

✎ □に当てはまる語句を書きましょう。

[シリコンバレー]
サンフランシスコ近郊にある、ICT（情報通信技術）関連企業が集中する地区。

(Goode's World Atlas 2010など)

凡例: 原油　石炭　鉄鉱石　工業都市　自動車　航空機　シェールガス田　先端技術産業がさかんな地域

●各国の結びつき
◆アメリカ合衆国の企業は生産費を抑えるために、賃金が安いメキシコや中央アメリカなどの国に工場を移転。

◆アメリカ合衆国・カナダ・メキシコの3か国は貿易をさかんにするための取り組みを行っていた。

→かつてはNAFTA（北米自由貿易協定）を結び、現在はUSMCA（アメリカ・メキシコ・カナダ協定）という新しい協定になった。

アメリカ
メキシコ

(2) 北アメリカの民族
◆アメリカ合衆国はヨーロッパ・アフリカ・アジア・中央アメリカなど、世界各地からの移民が暮らす多民族国家。

→近年は、メキシコ・中央アメリカなどの国々から移住した、スペイン語を話す ヒスパニック が増加。多くが農場や工場などで働く。

◆カナダはイギリス系が中心だが、フランス系が多い地域も。

→英語とフランス語が公用語。 多文化 主義の政策。

ネイティブアメリカン0.8
アジア系 5.4　その他
アフリカ系 12.7
ヨーロッパ系 72.6%

(2016年)
(U.S. Census Bureau ほか)
☆ アメリカ合衆国の人口構成

> 総人口のうち、17.8%がヒスパニック。

> スポーツの分野などで活躍するアフリカ系・ヒスパニックも多い。

(3) アメリカ合衆国の生活と文化
●生活
◆フリーウェイが整備され、自動車 中心の社会。

→週末に広大な駐車場がある郊外のショッピングセンターに行き、大量にまとめ買いする。

◆大量 生産 ・大量 消費 の生活様式…大量に物をつくり、大量に消費することで産業や経済を発展させてきた。

→廃棄物やガソリン消費量、二酸化炭素排出量が多い。

→リサイクルや再生可能エネルギーの利用を推進。

◆通信販売やインターネットショッピングが広まったのも、アメリカ合衆国が最初。

shopping center

> アメリカ合衆国から世界に広がった文化
> ・映画…ハリウッド映画・テーマパークなど。
> ・スポーツ…野球・バスケットボール・アメリカンフットボールなど。
> ・ファッション…ジーンズ・Tシャツなど。

●文化
◆効率的で伝統にとらわれないアメリカ独自の文化がある。

→ハンバーガーのファストフード店・コンビニエンスストア・コーヒーのチェーン店など。

→アメリカ合衆国の文化は、多国籍 企業の進出に伴って、世界各国へ広がっている。

◆さまざまな文化が影響し合って生まれた文化がある。

→ ジャズ はアフリカの音楽とヨーロッパの音楽が混ざり合ってできてきた。

---

(1) 南アメリカの自然
●地形
◆太平洋側に アンデス 山脈が南北に連なる。
赤道付近に、流域面積が世界最大の アマゾン 川が流れる→流域に熱帯雨林（セルバ）が広がる。

> アマゾン川は重要な交通路となっている。流域には伝統的な暮らしをおくる先住民が住む。川でとれる魚も大事な食料。

●気候
◆赤道が通る北部は大部分が 熱 帯、南部のラプラタ川流域などは温帯に属する。赤道付近でも、アンデス山脈の高地は高山気候に属し、緯度のわりに涼しい。

(2) 南アメリカの歩み
◆もともとインカ帝国などの先住民の文明が栄えていた。

↓

◆16世紀以降、ブラジルはポルトガル、その他のほとんどの地域は スペイン の植民地に。

→現在もポルトガル語、スペイン語が公用語。

> 植民地支配を受けた南アメリカには、先住民とヨーロッパ人の混血（メスチーソ）や、ヨーロッパとアフリカの人々の混血など、混血の人が多い。

◆植民地時代には、アフリカから連れてこられた人々が、奴隷として農場などで働かされた。

↓

◆20世紀、多くの 日本人 が農業労働者として、ブラジル・ペルー・ボリビアなどに移住。

→現在でも日系人が多い。

(3) 南アメリカの農業
◆ブラジルでは、プランテーションで コーヒー ・さとうきび・大豆の栽培がさかん。

→近年は、鶏肉や牛肉の生産量も増加。

計1030万t	ブラジル 34.5%		ベトナム 15.7	インドネシア 7.0 7.0	ホンジュラス 4.7	その他

(2018年)
(2020/21年版「世界国勢図会」)
┈┈ コロンビア
---- コーヒーの生産量の割合

> ブラジルは、コーヒーの輸出量も世界一！

◆アルゼンチンのラプラタ川流域に広がる パンパ と呼ばれる肥よくな草原で、小麦・大豆の栽培、肉牛の放牧。

◆アマゾン川の流域では、森林などを燃やし、残った灰を肥料にして農作物を栽培する、焼畑 農業が行われている。

(4) 南アメリカの鉱工業
◆鉱業…南アメリカは鉱産資源が豊富。

◆石油…ベネズエラやエクアドルで産出。

◆ 鉄鉱石 …ブラジル北東部のカラジャス鉱山は世界最大級の産地。

→露天掘りによる採掘が行われている。

◆チリとペルーは世界有数の 銅 の産出国。

◆チリやボリビアでレアメタル（希少金属）が産出。

計15.0億t			インド
オーストラリア 36.5%	ブラジル 17.9	中国 14.9	8.3　その他

ロシア 4.1
(2017年)　(2020/21年版「世界国勢図会」)
☆ 鉄鉱石の生産量の割合

> 日本は、ブラジルから大量の鉄鉱石を輸入している。

●工業
◆ブラジルはかつて、コーヒーなどの一次産品の輸出に依存していた。

◆外国企業の誘致などによって工業が発展。自動車や航空機、電子部品などを生産して輸出。

→経済成長をとげ、BRICS の一国に。

	鉄鉱石 7.7	綿花 5.8		
1970年 27億ドル	コーヒー豆 35.9%		その他	

砂糖 4.9

	鉄鉱石 8.4			
2018年 2399億ドル	大豆 原油 13.9%10.5		その他	

機械類 7.7
(2020/21年版「世界国勢図会」など)
☆ ブラジルの輸出品の変化

(5) 開発と環境問題
●アマゾン川流域の開発
◆アマゾン横断道路の建設、鉄道の敷設、農地開発などのため、熱帯林（熱帯雨林）を伐採。

↓

◆森林が減少して二酸化炭素の吸収量が少なくなる。

→ 地球温暖化 が進行。

→森林に住む先住民の生活がおびやかされる。

→森林にすむ動植物が絶滅する心配がある。

●環境保護の動き
◆ブラジルでは、再生可能エネルギーの バイオ燃料 （バイオエタノール）を自動車の燃料に利用。

→原料となるさとうきびの畑の開墾で環境問題が起こらないように、持続可能な開発が重要。

> 用語 バイオ燃料とは？
> 植物などの生物体（バイオマス）からつくられる燃料。さとうきび・とうもろこし・ふん尿・木くずなどが原料とされる。

とうもろこし　バイオ燃料

(1)オセアニアの自然

●地形
- ◆太平洋上に，**さんご礁**でできた島や，火山の活動によってできた火山島などがある。
- ◆オーストラリア大陸は，火山や大規模な地震がない安定した大陸。ニュージーランドなどは地震や火山活動が活発。

> オセアニアは，メラネシア・ミクロネシア・ポリネシアの3地域に区分される。

●気候
- ◆オーストラリアの気候
  - ・内陸部は乾燥帯に属し，**砂漠**が広がる。
  - ・南東部と南西部の沿岸は**温帯**，北部は熱帯。
- ◆ニュージーランドの気候…全体的に**温帯**の西岸海洋性気候に属し，四季があり，適度な降水量。
- ◆太平洋の島々…熱帯だが，海からの風で過ごしやすい気候。

> オーストラリアは，乾燥した内陸部では人口が少なく，人口のほとんどが，温帯の沿岸部に集中している。

(2)オセアニアの歩み

- ◆歴史…18～20世紀，イギリスやフランスなど欧米の国々の植民地になり，先住民は迫害を受ける。
  - →現在も，国旗にイギリス国旗が含まれていたり，英語が公用語になっていたりする。

> 現在もフランス領やアメリカ領となっている島がある。

- ●先住民…オーストラリアの先住民は**アボリジニ**，ニュージーランドの先住民は**マオリ**。
  - →近年は先住民の文化を尊重する動きがみられる。

(3)オセアニアの農業

●オーストラリアの農業
- ◆やや雨が多く牧草が育つ南東部・南西部で，羊の放牧がさかん。**羊毛**の生産量は世界有数。
- ◆北東部などで**肉牛**の飼育がさかん。オーストラリア産の牛肉は「オージービーフ」と呼ばれ，日本にも多く輸出。
- ◆小麦の栽培もさかんで，代表的な輸出品。

★オーストラリアの農業地域

●ニュージーランドの農業
- ◆適度な降水量があり牧草が育つため，乳牛や肉用の**羊**を飼育し，乳製品や羊肉を輸出。

★羊毛の生産量の割合

(4)オーストラリアの鉱業

- ◆石炭・鉄鉱石・ボーキサイト（アルミニウムの原料）など，さまざまな種類の鉱産資源が豊富。
  - →鉄鉱山や炭鉱では，**露天掘り**による採掘。

> 用語　露天掘りとは？地表を直接削り，鉱産資源を採掘する方法。

●オーストラリアの鉱産資源の分布

[ ]に当てはまる鉱産資源を書きましょう。
- 西部で[**鉄鉱石**]が産出！
- 東部で[**石炭**]が産出！

(5)オセアニアと世界各地のつながり

●オーストラリアの社会や世界各国との結びつき
- ◆かつて，ヨーロッパ系以外の移民を制限する**白豪**主義政策をとっていたが，1970年代に撤廃。
  - →アジア系移民などが増え，**多文化**社会へ変化。
- ◆貿易相手国の中心はイギリスなどから，距離的に近いアジアの国々に変化。

> APEC（アジア太平洋経済協力会議）などのつながりによって，アジアの国々と経済的な結びつきを強めている。

輸出 計2547億ドル			
中国 34.1%	日本 16.2	6.9	その他

韓国 / インド 4.6

輸入 計2409億ドル			
中国 24.4%	日本 7.4	10.3	その他

アメリカ合衆国 / ドイツ 5.0 / タイ 4.9
（2018年）（2020/21年版「世界国勢図会」）

★オーストラリアの貿易相手国

---

(1)身近な地域の調査

●調査の進め方
- ◆調査**テーマ**を決める…地域を歩いたり，写真や地図などを見たりして，興味をもったことや疑問点を出し，何について調べるかを決める。
- ◆**仮説**を立てる…調査結果を予想することで，具体的に調べることがはっきりする。
- ◆調査方法を決める…調査項目を決め，それに合った調査方法を考える。

●いろいろな調査方法
- ◆**野外観察**（フィールドワーク）…実際に地域を歩いて観察し，気がついたことをメモしたり，写真にとったりする。あらかじめルートマップをつくっておくとよい。
- ◆**聞き取り調査**…詳しい人を訪ねて話を聞く。
- ◆資料による調査（文献調査）…市役所や図書館，インターネットなどで，文献や統計，写真資料などを見て調べる。

> ルートマップは，調べる場所や順序などをかき込んだ地図。

★野外観察で持っていくもの

●調査結果のまとめ
- ◆資料の整理…集めた資料や調査時のメモを整理し，分析。
- ◆レポート・ポスターの作成の手順
  - ①タイトルを書く…調査テーマをわかりやすく書く。
  - ②調査の動機と**目的**を書く…なぜ，テーマについて調べようとしたか，何を知りたいかを書く。
  - ③調査方法を書く…どんな方法で調べたかを書く。
  - ④わかったことを書く…調べた結果・考察を書く。
  - ⑤まとめ・感想を書く…今後調べたいことも書く。
- ◆グラフの活用
  - ・数値の変化…**棒**グラフか折れ線グラフで表す。
  - ・数値の割合…円グラフか**帯**グラフで表す。

★いろいろなグラフ

(2)地形図の見方

- ●**地形図**…土地の使われ方などを詳しく表した地図。
  - →縮尺が5万分の1と2万5千分の1のものが代表的。

●縮尺
- ◆実際の距離を地図中に縮めた割合をいう。
- ◆実際の距離の求め方…地図上の長さ×**縮尺の分母**

> 2万5千分の1の地形図上で2cmの長さの実際の距離は，2(cm)×25000 ＝50000(cm) ＝500(m)。

●方位
- ◆東・西・南・北を基準に，8方位や16方位で示す。
- ◆とくに断りがない場合，上が**北**を示す。

●等高線
- ◆海面からの高さが同じところを結んだ線。
- ◆等高線の間隔…2万5千分の1地形図では**10**mごとに，5万分の1地形図では**20**mごとに引かれる。
- ◆等高線の間隔と土地の傾斜…間隔が**狭**いところほど土地の傾斜は急。**広**いところほど緩やか。

★16方位

●地図記号
- ◆土地利用の地図記号…作物を図案化したものが多い。
  - →田は稲の切り株，**果樹園**は果実を図案化。
- ◆建物の地図記号…関係のあるものを図案化したものが多い。
  - →工場は歯車，神社は**鳥居**を図案化。

果実→果樹園 / 歯車→工場

主な地図記号

[ ]に地図記号が表しているものを書きましょう。

建物・施設		土地利用	
◎ 市役所 東京都の区役所	〒 神社	‖" ‖ [**田**]	
○ [寺院]	卍 [寺院]	∨ ∨ [**畑**]	
⊕ [**郵便局**]	血 [図書館]	○○ [**果樹園**]	
⊗ [**警察署**]	血 博物館・美術館	∴∴ [茶畑]	
☆ 工場	⊥ 風車	∴∴ [広葉樹林]	
文 小・中学校	△ [三角点]	∧∧ [針葉樹林]	
⊕ [病院]	⊡ 水準点		

(1)山がちな日本

- 造山帯（変動帯）…大地の動きが活発で、高くて険しい山脈や山地が連なっているところ。地震が多く発生し、火山活動も活発。
  - ◆ 環太平洋 造山帯…太平洋を取り巻くように連なる。
    - →アンデス山脈、ロッキー山脈、日本列島など。
  - ◆ アルプス・ヒマラヤ 造山帯…ユーラシア大陸南部からインドネシアの島々に連なる。
    - →アルプス山脈、ヒマラヤ山脈など。

★ 2つの造山帯

（日本列島は環太平洋造山帯の中に位置するので、地震が多く、火山の活動も活発。）

- 安定した大陸…オーストラリア大陸やアフリカ大陸の大半、ユーラシア大陸や南北アメリカ大陸の一部など。
  - ◆ 地震や火山活動があまりみられない。
  - ◆ 長い時間をかけて風化や侵食が進み、平地が広い。

- 日本の山地
  - ◆ 日本の国土の約4分の 3 が山地。
  - ◆ 日本アルプス …本州中央部の飛騨山脈・木曽山脈・赤石山脈の総称。険しい山々が連なる。「日本の屋根」とも呼ばれる。
  - ◆ フォッサマグナ …日本アルプスの東側に南北にのびる、大きな溝状の地形。地盤の割れ目がずれ動いた状態の断層が集中している。

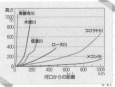

★ 日本と世界の川の比較

(2)日本の川と平野・盆地

- 日本の川
  - ◆ 大陸の川に比べて短く、傾斜が 急 な川が多い。
    - →日本は山がちで、山から海までの距離が短いため。
  - ◆ 流域面積 が狭く、水量の変化が大きい。
    - →川のはんらんが起こりやすい。

（ワー！）（日本は急流の川がうラタい。）

- 平野・盆地…人口が集中。川がつくる地形がみられる。
  - ◆ 扇状地 …川が山地から平野に出るところに土砂が積もってできた、扇形の緩やかな傾斜地。
  - ◆ 三角州 …川が海や大きな湖に出るところに土砂が積もってできた、三角形に似た平たんな地形。
  - ◆ 台地…海や川沿いの低い平地よりも高い所にある平地。

★ 川がつくる地形

（谷口にできるのが扇状地、河口にできるのが三角州。）

(3)海岸と周りの海

- 海岸地形
  - ◆ リアス 海岸…切り込みの深い湾と岬が続く、複雑に入り組んだ海岸地形。三陸海岸南部などにみられる。
  - ◆ ほかにも砂浜海岸や岩石海岸、さんご礁が発達した海岸などの自然の海岸がみられるが、人工海岸も広い。

- 海底地形
  - ◆ 大陸棚 …陸地周辺の深さが200mくらいまでの浅くて平らな海底地形。水産資源や鉱産資源が豊富。
  - ◆ 海溝 …海底がすじ状に深くなっている地形。

（日本海溝や伊豆・小笠原海溝など。）

- 海流
  - ◆ 暖流…太平洋側に黒潮(日本海流)、日本海側に対馬海流。
  - ◆ 寒流…太平洋側に親潮(千島海流)、日本海側にリマン海流。

（○対馬海流 ×対島海流）

日本の周りの海流名

（（ ）に当てはまる海流名を書きましょう。）

[リマン海流]
[親潮（千島海流）]
[対馬海流]
[黒潮（日本海流）]
潮境（潮目）

寒流 暖流

日本海　太平洋

（親潮と黒潮がぶつかる潮境は、魚のえさとなるプランクトンが豊富で、好漁場となっている。）

---

(1)日本の気候の特徴

- 日本の気候帯・気候区
  - ◆ 大部分が 温 帯の温暖湿潤気候。北海道は冷帯(亜寒帯)。
  - ◆ 一年を通じて気温や降水量の変化が大きい。
  - ◆ 温帯の中でも四季の変化がとくにはっきりしている。

温帯の雨温図の比較

（（ ）に当てはまる気候区の名を書きましょう。）

[西岸海洋性]気候	[地中海性]気候	[温暖湿潤]気候
ロンドン	アテネ	東京

（東京の雨温図は、ほかの二つに比べて、気温と降水量が大きく変化している。）

- 季節風(モンスーン)…冬は 北西 から、夏は 南東 から吹き、日本列島の気候に大きな影響を与える。
  - ◆ 冬の季節風…大陸から日本海の上を通って日本列島に吹いてきて、日本海側に多くの 雪(雨) を降らせる。
  - ◆ 夏の季節風…太平洋から日本列島に吹いてきて、太平洋側に多くの 雨 を降らせる。

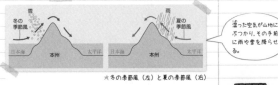

★ 冬の季節風（左）と夏の季節風（右）

（湿った空気が山地にぶつかり、その手前に雨や雪を降らせる。）

- 梅雨 …6～7月ごろに続く長雨。北海道ではみられない。
- 台風 …夏から秋にかけて日本列島にやってくる、発達した熱帯低気圧。洪水や高潮などによる被害をもたらす。

(2)日本各地の気候

- 大きく6つの気候区に分けることができる。
  - ◆ 北海道の気候…夏でも涼しく、冬の寒さが厳しい。
  - ◆ 日本海側の気候… 冬 の降水量が多い。
  - ◆ 太平洋側の気候… 夏 は降水量が多く、冬 は乾燥して晴れの日が多い。
  - ◆ 内陸(中央高地)の気候…年間を通して降水量が少なく、夏と冬の気温差が 大き い。
  - ◆ 瀬戸内の気候…年間を通して降水量が 少な く、冬でも比較的温暖。
  - ◆ 南西諸島の気候…冬でも温暖で、熱帯に近い亜熱帯(性)の気候に属する。

（中央高地や瀬戸内で降水量が少ない理由は？　中央高地や瀬戸内は、周りの山地や山脈によって、夏と冬の季節風がさえぎられるため、降水量が少ない。）

日本の気候区分と雨温図

（（ ）に当てはまる気候区の名を書きましょう。）

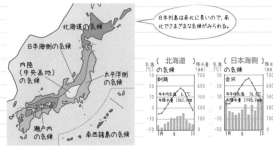

（日本列島は南北に長いので、南北でさまざまな気候がみられる。）

北海道 の気候
日本海側 の気候
内陸（中央高地）の気候
太平洋側 の気候
瀬戸内 の気候
南西諸島 の気候

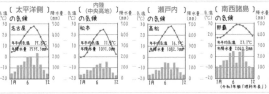

[北海道]の気候	[日本海側]の気候
釧路	金沢

[太平洋側]の気候	[内陸（中央高地）]の気候	[瀬戸内]の気候	[南西諸島]の気候
名古屋	松本	高松	那覇

〔令和3年版「理科年表」〕

(1)地震や火山の噴火

◆地震…日本は環太平洋造山帯に含まれ、地震が多い。
- ◆大きなゆれで建物が倒壊したり、土砂崩れや地盤の <u>液状化</u> が発生したりする。
- ◆ <u>津波</u> …海底が震源の場合などに発生し、沿岸部に押し寄せる。
- ◆とくに大きな被害をもたらした地震
  - ・ <u>阪神・淡路</u> 大震災（兵庫県南部地震）…1995年、淡路島北部が震源。神戸市などで大きな被害。
  - ・ <u>東日本</u> 大震災（東北地方太平洋沖地震）…2011年、三陸海岸沖が震源。大規模な津波が押し寄せた。

★東日本大震災で東北地方を襲った津波（岩手県）
（国土交通省釜石港湾事務所提供）

◆火山の噴火
- ◆火山灰や溶岩が噴出し、耕地や集落に被害を与える。
- ◆ <u>火砕流</u> が発生することもある…噴火により、高温の岩や火山ガス、火山灰などが高速で流れ下ること。
- ◆噴火が起こった主な火山
  雲仙岳（普賢岳）（長崎県）、 <u>桜島</u> （鹿児島県）、霧島山（鹿児島・宮崎県）、三宅島（東京都）、浅間山（群馬・長野県）、御嶽山（長野・岐阜県）など。

火山は噴火により被害をもたらすいっぽうで、美しい景観や温泉などのめぐみももたらす。

主な火山
1885年以降に発生したM7.0以上の地震の震源地（Mはマグニチュード）
（「理科年表」ほか）

北海道南東沖 M6.7（2018年）
十勝沖 M8.0（2003年）
岩手・宮城内陸 M7.2（2008年）
東北地方太平洋沖 M8.0（2011年）
浅間山
曽於山
関東 M7.9（1923年）
三宅島
南海 M8.0（1946年）
鳥取県西部 M7.3（2000年）
福岡県西方沖 M7.0（2005年）
熊本 M7.3（2016年）
雲仙岳（普賢岳）
霧島山
桜島
兵庫県南部 M7.3（1995年）
0 200km

日本の周辺には、地球の表面を覆うプレートの境界がいくつもある。各プレートが押し合うなかによって、地震が発生しやすくなっている。

ユーラシアプレート
北アメリカプレート
太平洋プレート
フィリピン海プレート

★地震の震央地と火山の分布

(2)気象災害

◆大雨による被害
- ◆ <u>梅雨</u> ・ 台風 のときに集中豪雨による被害が出やすい。
- ◆川のはんらん…日本の川は水量の変化が大きく、洪水が起こりやすい。
- ◆土砂災害…土砂崩れ、土石流など。斜面が崩れ、田畑や住宅に被害が出る。

台風のときは、強風や高潮による被害が出ることもある。

◆冷害
- ◆夏の低温や日照不足のために農作物が育たなくなること。
- ◆起こりやすい地域…北海道や <u>東北</u> 地方の太平洋側。
- ◆原因…夏に冷たい北東風の <u>やませ</u> が吹くことなど。

やませ
冷害

◆干害（干ばつ）
- ◆雨が十分に降らず、農業用水や生活用水が不足すること。瀬戸内など西日本で起こりやすい。

冷害が起こりやすい地域
やませ
太平洋

◆雪害
- ◆雪崩や吹雪などによる被害。雪に慣れていない地域が大雪にみまわれると、交通機関などに大きな混乱が出る。

★冷害が起こりやすい地域

(3)自然災害への備え

◆防災・減災の取り組み
- ◆自然災害による被害を防ぐ <u>防災</u> 、被害をできるだけ抑える <u>減災</u> の考え方に基づく。
- ◆大きな地震に備えて、津波避難タワーの設置、建物や橋の耐震工事、避難訓練などを行う。
- ◆ <u>ハザード</u> マップ（防災マップ）…災害が起こりそうな場所や被害の程度を予測して示した地図。

◆災害が起こったときの行動
- ◆ <u>公助</u> …国や地方公共団体による救助や支援。
- ◆ <u>自助</u> …自分の身や家族を自分自身で守る。
- ◆ <u>共助</u> …地域の人たちで力を合わせて助け合う。

★津波避難タワー

---

(1)日本の人口分布

◆日本の人口
- ◆約1億2600万人（2019年）で世界有数。
- ◆明治時代以降、人口は増加を続けていたが、2009年以降は、人口が <u>減少</u> 傾向にある。

190余りある世界の国の中で、日本の人口は11番目。

◆日本の人口分布
- ◆ <u>人口密度</u> …ある国や地域の人口を面積で割った数値。
  →都道府県別では東京都や大阪府などが高い。
- ◆山がちな日本では、平野や盆地に多くの人が住む。
- ◆東京、大阪、名古屋を中心とする <u>三大都市</u> 圏や地方中枢都市（札幌市、仙台市、広島市、福岡市など）に、とくに人口が集中。

ほかにも新潟市や岡山市などが発展。

3000人/km²以上
300〜3000人/km²
1〜300人/km²
1人/km²未満
資料なし
○ 人口100万人以上の都市
（2015年）
札幌
仙台
京都
神戸
大阪
広島
福岡
さいたま
東京
川崎
横浜
名古屋
0 300km
（平成27年「国勢調査報告」）
★日本の人口密度と大都市

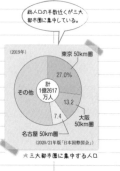
総人口の半数近くが三大都市圏に集中している。
（2019年）
東京50km圏 27.0%
計 1億2617万人
大阪50km圏 13.2
名古屋50km圏 7.4
その他
（2020/21年版「日本国勢図会」）
★三大都市圏に集中する人口

◆ <u>過密</u> 地域…人口や産業が集中しすぎた地域。
- ◆交通渋滞、大気の汚れや騒音、住宅不足やごみ処理場の不足などの問題が発生。
- ◆ <u>ドーナツ化</u> 現象…地価の上昇によって都心部の人口が減り、郊外（ニュータウンなど）で人口増。
  →近年は都心周辺で人口が増加（ <u>都心回帰</u> ）。

用語 ニュータウンとは？
大都市の周りに計画的につくられた、住宅団地や市街地のこと。

◆ <u>過疎</u> 地域…地域の人口が著しく減って、経済が衰え、地域社会の維持が困難な地域。
- ◆農村や山間部、離島などでみられる。
- ◆学校の閉校や病院の閉鎖、交通機関の廃止などが問題。
- ◆若い人が都市部へ流出し、 <u>高齢</u> 化が著しい。
- ◆Iターン（都市部→農村部）やUターン（農村部→都市部→農村部）で、農村部へ移住する人も出てきた。

過疎地
若い人が減っちゃったなあ

(2)日本の人口構成

◆ <u>少子高齢</u> 化…子どもの割合が減る少子化と、高齢者の割合が増える高齢化が同時に進む。日本は世界の中で高齢化が最も進んだ国の一つ。
  →労働力が足りなくなったり、社会保障の費用を確保できなくなったりする不安がある。

なぜ？
少子化と高齢化の背景
少子化は、仕事と子育ての両立が困難なことなどから出生率が低下したこと、高齢化は、医療技術の発達などで平均寿命が伸びたこと、などが背景にある。

◆ <u>人口ピラミッド</u> …国や地域の人口を男女別・年齢別に表したグラフ。
  →現在の日本は子どもの割合が低く、高齢者の割合が高い <u>つぼ</u> 型の人口ピラミッド。

日本の人口ピラミッドの変化

（　）に当てはまる人口ピラミッドの型を書きましょう。

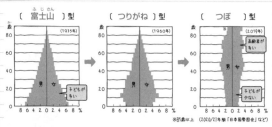

〔 富士山 〕型（1935年）
〔 つりがね 〕型（1960年）
〔 つぼ 〕型（2019年）
高齢者が多い
子どもが少ない
男 女
※65歳以上（2020/21年版「日本国勢図会」など）

(1)日本の資源

◎ 鉱産資源 …エネルギー源や工業製品の原料となる鉱物。
◆日本は鉱産資源が乏しく、石油・石炭・鉄鉱石など主な資源のほとんどを輸入に頼っている。
　→日本は世界の中でもエネルギー自給率がとくに低い。
　→資源の安定確保のため、ロシアと力を合わせて、シベリアなどの石油や天然ガスの開発に取り組む。
◆資源の輸入先
・石油… サウジアラビア やアラブ首長国連邦など西アジア諸国が大部分を占める。
・石炭… オーストラリア やインドネシア、ロシアなど。
・鉄鉱石…オーストラリアのほか、 ブラジル など。

> オーストラリアは石炭と鉄鉱石の最大の輸入相手国。

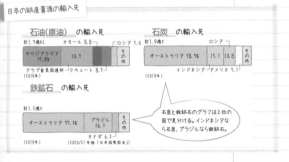

日本の鉱産資源の輸入先

石油(原油) の輸入先
計1.7億kL　カタール 8.8
サウジアラビア 37.8%　29.7　その他
アラブ首長国連邦　クウェート8.9
(2019年)

石炭 の輸入先
計1.9億t　ロシア 5.4　ロシア
オーストラリア 58.7%　14.1　10.8　その他
インドネシア　アメリカ 7.1
(2019年)

鉄鉱石 の輸入先
計1.2億t
オーストラリア 57.3%　ブラジル 26.3　その他
カナダ 6.2
(2019年)　(2020/21年版「日本国勢図会」)

> 石炭と鉄鉱石のグラフは2位の国で見分ける。インドネシアなら石炭、ブラジルなら鉄鉱石。

(2)日本の電力

◎水力発電
◆1950年代ごろまでは日本の発電の中心。
◆水力発電所は、ダムを建設しやすい川の上流につくられる。

> 水が落ちる力を利用してタービンを回し、発電する。

◎火力発電
◆1960年代から日本の発電の中心になった。
◆火力発電所は、燃料の輸入に便利な臨海部で、電力需要の多い工業地域や大きな都市の近くにつくられる。

◆問題点…燃料に石油や石炭、天然ガスが使われ、発電時に 二酸化炭素 を多く排出する。
　→二酸化炭素は、 地球温暖化 の原因となる温室効果ガスのひとつ。

★火力発電所
(Cynet Photo)

◎原子力発電
◆燃料は ウラン 。1970年代から発電量が増加。
◆問題点…事故の際に放射性物質がもれる危険性や、放射性廃棄物の処理の問題。
◆2011年の 東日本 大震災によって、福島第一原子力発電所で事故→放射性物質が放出され、深刻な被害。

> 原子力発電の利用について見直しが進む。

(3)環境に配慮した取り組み

◎ 再生可能 エネルギー…枯渇する心配がなく、繰り返し利用することができるエネルギー。環境にやさしい。
◆ 風力 発電…安定した風が得られる山間部などに立地。
◆太陽光発電…太陽光を利用。家庭や工場などでも利用できる。
◆地熱発電…地下の熱水や水蒸気を利用する。 火山 の近くなどが適している。
◆ バイオマス(バイオ燃料) …とうもろこしや家畜のふんなどの動植物を利用した燃料。燃やすなどして発電。

> 二酸化炭素の排出量を減らし、地球温暖化を食い止めることにつながる。

> 日本では、木材や生ごみなどの廃棄物を燃やしたときの熱エネルギーを使って発電。

◎ 持続可能 な社会を目指す…省エネルギーの技術の活用やリサイクル、レアメタルの回収・再利用などの取り組み。

再生可能エネルギーによる発電

太陽光 発電　　地熱 発電　　風力 発電

(ピクスタ)

(ピクスタ)

(ピクスタ)

---

(1)産業の分類

◆ 第一次 産業…自然に直接はたらきかけて動植物を得る。
　→農業、林業、水産業など。
◆ 第二次 産業…原材料の採掘・製品の生産→工業など。
◆ 第三次 産業…ものの流通やサービスに関係する産業。
　→運輸業、商業、サービス業など。

(2)さまざまな農業

◎稲作…北海道や 東北 地方、北陸の新潟県などは米の生産量が多く、日本の穀倉地帯。

	米	野菜	畜産	その他
北海道 1.3兆円	8.9%	18.0	58.3	
東北 1.4兆円	32.3%	18.7	31.0	
北陸 0.4兆円	60.3%	14.6	17.0	

(2018年)　(2020/21年版「日本国勢図会」)
★地域別の農業産出額の割合

◎野菜栽培
◆ 近郊 農業…大都市の周辺で、大都市向けに野菜や花などを生産する農業。
　→新鮮な作物を早く届けられる。輸送費が安い。
◆ 促成 栽培…温暖な気候とビニールハウスなどを利用して、ほかの産地よりも生産を早めて出荷する栽培方法。宮崎平野や高知平野などでさかん。
　→流通量が少ない時期に出荷でき、高く売れる。

近郊農業（図）

◆抑制栽培…野菜や花などの生育を遅らせて出荷する。長野県や群馬県で高原の涼しい気候をいかして高原野菜を栽培。

> 電照菊の栽培も抑制栽培のひとつ。（→85ページ）

◎果樹栽培
◆扇状地など水はけがよく、日当たりのよい土地でさかん。
◆みかん…温暖な気候の地域でさかん。
　→ 和歌山 県、愛媛県、静岡県、九州地方の各県。
◆りんご…涼しい気候の地域でさかん。
　→ 青森 県、長野県、東北地方の各県。

> 扇状地が広がる山梨県の甲府盆地は、ぶどうとももの日本一の産地となっている。

◎畜産…農業産出額が最も多い。
◆乳牛の飼育…北海道のほか、栃木県や岩手県などでさかん。
　→乳牛を飼育し、乳製品を生産する農業を 酪農 という。
◆ 肉牛 の飼育…北海道や鹿児島県・宮崎県などでさかん。
◆ 豚 の飼育…鹿児島県・宮崎県や関東地方の県でさかん。

各地でさかんな農業

〔　〕にあてはまる農産物名や農産物名を書きましょう。

〔 りんご 〕栽培
〔 ぶどう 〕・もも栽培
〔 みかん 〕栽培
〔 乳牛 〕の飼育
〔 近郊 〕農業
野菜の〔 促成 〕栽培
〔 肉牛 〕・豚の飼育

> 牛の飼育は、広い牧草地のある北海道や九州地方でさかん。

(3)日本の農業の特色

◎外国と比べた日本の農業
◆耕地は狭いが、単位面積あたりの収穫量が 多 い。
　→肥料を効果的に使い、機械化も進んでいるため。
◆生産費が 高 い…アメリカ合衆国のような大規模な企業的農業に比べ、経営規模が小さいため。

> 生産費が高いと価格が高くなり、安い輸入農産物との競争に不利。

◎農家の変化
◆農業人口が減少し、若いあと継ぎが不足。
　→働く人の 高齢 化が進む。

◎ 食料自給率 …国内で消費する食料のうち、国内で生産する分でまかなえる割合。
◆日本の食料自給率は37％(2018年)で、先進国の中でも、とくに低い。
◆背景…近年、貿易の自由化が進み、安い農産物が多く輸入されるようになった。
◆とくに自給率が低い農産物…パンなどの原料の 小麦 や、みそやとうふなどの原料の 大豆 など。
◆ 米 …ほぼ自給できるが、近年は輸入も。

> 肉類、くだもの、野菜の自給率が大きく下がっている。

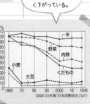
★日本の食料自給率の推移

(1)日本の林業

◆日本の森林
- ◆国土面積の約3分の **2** が森林で、昔から林業がさかん。
- ◆森林の約4割を人工林が占める。すぎやひのきが中心。
  →紀伊山地の吉野すぎや尾鷲ひのきなどが有名。

紀伊山地は漁暖で降水量が多く、木の生育に適している。

◆森林のはたらき
- ◆空気をきれいにする…二酸化炭素を吸収し、酸素をつくる。
  → **地球温暖** 化の防止につながる。
- ◆「 **緑** のダム」の役割をもつ…雨水を蓄えて少しずつ流し出すはたらきがある。
- ◆災害を防ぐ…根で土を支え、土砂崩れを防ぐ。

森林のはたらき

空気がおいしい

◆林業の仕事
- ◆下草刈り…植林ののち、雑草を刈りとる。
- ◆枝打ち…使いやすい木材にするため、余分な枝を切る。
- ◆ **間伐** …日光が届くように、周りの弱っている木を切る。
- ◆働く人が減少…若い人が減り、 **高齢** 化が進んでいる。

◆木材自給率の変化
- ◆木材の輸入自由化で木材自給率は大きく低下したが、近年は高品質の国産木材の見直しが進んでいる。
- ◆木材の輸入先… **カナダ** ・アメリカ合衆国・ロシアなど針葉樹が豊富な国や、マレーシアなど熱帯林が豊富な国。

	国産木材	輸入木材
1960年	国産木材 89.2%	
1980年	32.9	
2000年	18.9	
2010年	26.3	
2018年	36.6	

（2020/21年版「日本国勢図会」ほか）

★日本の木材自給率の変化

(2)日本の水産業

◆日本近海は豊かな漁場
- ◆寒流と暖流に乗ってやってくる魚が多く集まる。
- ◆ **大陸棚** が広がる…陸地周辺の深さが200mくらいまでの浅くて平らな海底。魚のえさとなるプランクトンが豊富。
- ◆ **潮境（潮目）** … **三陸** 海岸沖など、寒流と暖流が出合うところ。プランクトンが豊富でよい漁場。

水揚げ量が多い漁港

（　）に当てはまる漁港名を書きましょう。

水揚げ量が8万t以上の漁港（2017年）（2020/21年版「日本国勢図会」）

[**釧路**]港
[**八戸**]港
[**境**]港
石巻港
[**銚子**]港
[**焼津**]港
[枕崎]港

水揚げ量の多い漁港は北海道や東北地方の太平洋側に多い。東北地方の太平洋側に広がる三陸海岸の漁港は、東日本大震災で大きな被害を受けた。

◆漁業の種類
- ◆ **沿岸** 漁業…陸地に近い海域で、小型の船で行う。
- ◆ **沖合** 漁業…陸地から離れた沖合で、中型の船で行う。
- ◆ **遠洋** 漁業…陸地からさらに遠く離れた海域で、大型の船で行う。1年以上かけて漁をすることもある。
- ◆ **養殖** 漁業…いけすなどの人工的な施設で、魚や貝を大きくなるまで育てて出荷する。
- ◆ **栽培** 漁業…卵からかえして育てた稚魚や稚貝を海などに放流し、成長してからとる。

注意！ 途中で放流しないのが養殖業、途中で放流するのが栽培漁業。

◆漁獲量の変化と課題、取り組み
- ◆世界各国が排他的経済水域を設定して他国の漁業を制限。また、日本の近くの海で不漁となる。
  → **遠洋** 漁業や沖合漁業の漁獲量が減少。魚介類の輸入量が増加。
- ◆ **養殖** 業や栽培漁業などの育てる漁業に力を入れたり、魚介類の資源管理に取り組んだりしている。

遠洋漁業と沖合漁業の漁獲量が大きく減っていることがわかる。

★漁業種類別漁獲量と輸入量の変化

---

(1)工業の発達している地域

◆臨海型の工業地域
- ◆発達した理由… **原料** や燃料の輸入、 **製品** の出荷に便利なため。輸入資源に頼る石油化学工業・鉄鋼業などが発達。
- ◆ **太平洋ベルト** に工業が集中…関東地方から九州地方北部にかけての沿岸部とその周り。
- ◆早くから工業が発達した地域… **中京** 工業地帯・阪神工業地帯・京浜工業地帯・北九州工業地帯(地帯)。
- ◆第二次世界大戦後に発達した工業地域… **瀬戸内** ・東海・京葉工業地域など。

太平洋ベルト

原料を輸入

製品を出荷

◆内陸型の工業地域
- ◆発達した理由…高速道路などの交通網が整備され、部品や製品の輸送が便利になったため。
  →自動車などの組み立て型の工業が発達。
  →IC（集積回路）などの **電子部品** や情報通信機械などの生産もさかん。
- ◆ **工業団地** …広い土地を利用し、多くの工場が集まっている地域。高速道路や空港の周辺に進出。

主な工業地帯・工業地域

（　）に当てはまる工業地帯・地域名を書きましょう。

工業地帯・地域

北九州工業地域
[**阪神**]工業地帯
北陸工業地域
[**瀬戸内**]工業地域
[**京浜**]工業地帯
北関東工業地域
[**京葉**]工業地域
東海工業地域
[**中京**]工業地帯

(2)工業の変化

- ◆日本は原料を輸入して優れた工業製品を生産し、それを輸出する **加工** 貿易で工業を発展させてきた。
- ◆第二次世界大戦後、軽工業から重化学工業中心に変化。
- ◆近年は、先端技術（ハイテク）産業が発展。

日本の輸出が増えすぎて貿易摩擦がおこり、アメリカ合衆国などが輸出規制を要求した。

◆日本企業の海外進出
- ◆1980年代以降、 **アメリカ（合衆国）** ・ヨーロッパなどに進出…貿易摩擦を解消するため、現地に建設した工場で自動車や電気製品などを直接生産。
- ◆アジアへの工場移転が進む…労働力が豊富で、賃金が **安(低)** い東南アジアや中国などへ。日本企業は多国籍企業として各地へ進出。
  →日本国内の産業が衰える、産業の **空洞** 化が進んだ。

(3)日本の第三次産業

◆第三次産業（商業やサービス業など）の発展
- ◆日本では第 **三** 次産業で働く人が7割超。
- ◆三大都市圏のほか、観光業がさかんな北海道や沖縄県は第三次産業で働く人の割合が高い。

国内生産
輸出
海外生産

（2020/21年版「日本国勢図会」ほか）

★日本の自動車国内生産・輸出と日本メーカーの海外生産

◆商業・サービス業の変化
- ◆さまざまな商業…生活スタイルの変化とともに多様化。
  →郊外のショッピングセンターやコンビニエンスストア、インターネットショッピングなどの電子商取引。
- ◆問題点…大型店が成長した反面、古くからの商店街などで閉店が増えている。

SUPER MARKET
閉店

◆社会の変化と新しいサービス業
- ◆ **ICT（情報通信技術）** 産業…インターネットの普及で成長。三大都市圏などに企業が集まっている。
- ◆少子高齢化の進展によって、介護サービスなどを行う医療・ **福祉** 関係のサービス業が成長。

アニメやゲームなどを制作するコンテンツ産業も規模が拡大している。

(1)交通による結びつき

◆交通網の発達
- ◆1960年代を中心とする高度経済成長期から、高速道路や新幹線などの 高速交通 網が整備された。
  - →国内の主な都市間の移動時間が大きく短縮。
- ◆問題点…過疎(化)が進む地域では鉄道やバス路線が廃止され、社会生活の維持が困難になっている。
- ◆世界各地と結ぶ航空路線も整備され、訪日外国人が増加。
  成田国際空港などは ハブ 空港としての役割。

> 近距離移動では鉄道や自動車、中距離移動では新幹線、長距離移動では航空機が利用されることが多い。

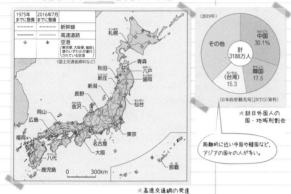

(2019年)

計
3188万人

中国	30.1%
韓国	17.5
(台湾)	15.3
その他	

〔日本政府観光局(JNTO)資料〕

★ 訪日外国人の国・地域別割合

> 距離的に近い中国や韓国など、アジアの国々の人が多い。

★ 高速交通網の発達

◎自動車輸送の特色
- ◆貨物・旅客輸送とも、輸送手段の中心。
- ◆内陸の工業の発達にも大きな役割…高速道路のインターチェンジ付近に 工業団地 や流通団地が多く進出。
- ◆問題点…二酸化炭素(CO_2)の排出が地球温暖化の原因の一つになっている。
  - →環境にやさしい鉄道や船での輸送に切り替えるモーダルシフトを進める。

★ 高速道路沿いの工業団地
(Cynet Photo)

◎海上輸送(船)の特色
- ◆重い貨物や体積が大きい貨物の大量輸送に適している。輸送費は安いが時間がかかる。
  - → 石油(原油) や石炭などの原材料や鉄鋼・自動車などの工業製品を輸送。

| 原油 14.8% | 液化ガス 9.0 | 石炭 4.7 | その他 | 鉄鉱石 1.7 |

計60.0兆円(2018年)　〔2020/21年版「日本国勢図会」〕

★ 日本の海上貨物(輸入品)の内訳

◎航空輸送の特色
- ◆軽量で高価な貨物や新鮮さが大切なものの輸送に適している。遠くまで速く運ぶことができるが、輸送費が高い。
  - → 電子機器(電子部品) や野菜・魚介類、生花などを輸送。

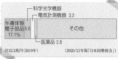

| 半導体等電子部品 22.4% | 科学光学機器 電気計測機器 3.2 | その他 | 医薬品 2.6 |

計22.3兆円(2019年)　〔2020/21年版「日本国勢図会」〕

★ 日本の航空貨物(輸出品)の内訳

日本の国内輸送の割合の変化

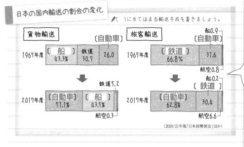

( )に当てはまる輸送手段を書きましょう。

貨物輸送
1965年度	船 43.3%　鉄道 30.7　自動車 26.0
2017年度	自動車 51.1%　船 43.5%　鉄道 5.2 航空 0.3

旅客輸送
1965年度	鉄道 66.8%　自動車 31.6 船0.9 航空0.8
2017年度	自動車 62.8%　鉄道 30.4 船0.2 航空6.6

〔2020/21年版「日本国勢図会」ほか〕

> 貨物輸送では、高速道路の整備によって、自動車の割合が大きく増加した。

(2)通信による結びつき

- ◎高速(情報)通信網の発達
  - ◆通信ケーブルや通信衛星が整備され、世界各地の人々と大量の情報を高速でやりとりできるようになった。
  - ◆国内でも インターネット の普及が進み、通信販売の利用が一般的になった。遠隔医療なども可能になった。
  - ◆ICT(情報通信技術)の発達で生活は便利になったが、それを利用できるかできないかで 情報格差 がある。

---

(1)地形

◎山地
- ◆中央に険しい 九州 山地、北部に低い筑紫山地。
- ◆阿蘇山、雲仙岳、桜 島(御岳)、霧島山など火山が多い。
- ◆阿蘇山には世界最大級の カルデラ がある…噴火により頂上部が陥没するなどしてできた大きなくぼ地。

カルデラ

◎火山の噴火による被害と火山のめぐみ
- ◆噴火で火山灰を降らせたり、火砕流を発生させたりする。
- ◆美しい自然や近くの温泉は観光資源になる。
- ◆地下の熱を 地熱 発電に利用。八丁原(大分県)など、九州地方には地熱発電所が多い。

> ほかにも、太陽光発電やバイオマス発電など再生可能エネルギーの活用が進む。

◎島々が多い
- ◆北部に壱岐、対馬、五島列島、南部に南西諸島など。
- ◆ 屋久 島…豊かな自然が残り、世界自然遺産に登録されている。樹齢1000年超のすぎが有名。

◎平野と台地
- ◆北部に 筑紫 平野…筑後川が流れ、有明海に注ぐ。
- ◆九州南部に シラス 台地…火山の噴出物が厚く積もった台地。

★ 屋久島の縄文すぎ
(ピクスタ)

九州地方の地形

( )に当てはまる地名を書きましょう。

筑紫山地
〔 筑後 〕川
〔 阿蘇 〕山
〔 筑紫 〕平野
〔 九州 〕山地
有明海
大淀川
宮崎平野
〔 シラス 〕台地
〔 桜 〕島
屋久島

> 川は筑後(筑後川)、平野と山地は筑紫(筑紫平野、筑紫山地)。

(2)気候と自然災害

◎気候と自然災害
- ◆近海を流れる暖流の影響で、冬でも比較的温暖な気候。
- ◆南西諸島は一年を通じて暖かく、海にはさんご礁が発達。
- ◆梅雨や 台風 の時期に集中豪雨となり、洪水や土砂崩れ、土石流などが発生して被害が出ることがある。

> 黒潮(日本海流)と対馬海流の二つの暖流が流れる。

◎災害対策
- ◆火山による災害の対策…避難訓練や、噴火で被害が出る地域を予測した ハザード(防災) マップの作成。
- ◆土石流などの被害を防ぐための砂防ダムの建設。

土砂
砂防ダム

(3)農業・水産業

- ◎筑紫平野の農業…有明海を干拓して農地を広げた。
  - ◆九州地方を代表する米の産地。いちごの生産もさかん。
  - ◆昔から米と小麦・大麦などの 二毛 作がさかん。

- ◎宮崎平野の農業…施設園芸農業が行われている。
  - ◆野菜の 促成 栽培がさかん…ビニールハウスなどで生育を早め、ほかの産地より早い時期に出荷する農業。
  - ◆きゅうりやピーマンなどの生産が多い。

ビニールハウス

- ◎九州南部の農業…シラス台地が広がる。
  - ◆畑作がさかん…火山灰などで水もちが悪いため、かつては さつまいも の栽培が中心→かんがい設備の整備などによって現在は野菜や茶などの生産が多い。
  - ◆畜産…肉牛・豚、肉用にわとりの飼育がさかん。

> かごしま黒豚やみやざき地頭鶏など、ブランド化を進める。

◎水産業
- ◆九州の西にある東シナ海には大陸棚が広がり、好漁場となっている。
- ◆日本最大の干潟が広がる有明海では、のりの養殖がさかん。

| 肉牛 | 北海道 20.5% | 鹿児島 13.5 | 宮崎 10.0 | 熊本 5.0 | その他 |

計250万頭

| 豚 | 鹿児島 13.9% | 宮崎 9.1 | 北海道 7.6 | 群馬 6.9 | その他 |

計916万頭
(2019年)　〔2020/21年版「日本国勢図会」〕

★ 肉牛と豚の飼育頭数の割合

(1)都市と工業

● 九州地方の中心都市と工業地域
◆ <u>福岡</u> 市…九州地方の地方中枢都市で、政府の出先機関や企業の支社が集まる。中国や韓国から多くの人が訪れる。

大陸から近く、古くから交流がさかんで港町として発達。

◆ <u>北九州</u> 工業地域(地帯)…明治時代、北九州市に官営の八幡製鉄所が建設されて以来、鉄鋼業を中心に発達。
・発達した理由…近くに <u>筑豊</u> 炭田があり、石炭が豊富だったこと、鉄鉱石の輸入先だった中国に近いことなど。
・第二次世界大戦後、地位が低下。1960年代のエネルギー革命などが原因。
→エネルギー源の中心が石炭から <u>石油</u> にかわり、石炭産地に近い利点が失われた。

輸入
金を含む石炭 八幡製鉄所
近くの石炭

● 近年の工業の変化
◆ IC (集積回路)や自動車を生産する機械工業が発展。
→IC工場は空港付近などに、自動車工場は高速道路のインターチェンジ付近などに立地。

九州は、シリコンアイランド、カーアイランドなどと呼ばれることもある。

(2)環境問題と環境保全

● 北九州市の公害
◆ 1960年代、工場からのけむりや排水によって大気汚染や洞海湾の水質汚濁が進んだ。
◆ 環境の改善…現在は <u>エコ</u> タウンに選定され、リサイクル工場や環境を研究する企業・大学の施設が集中。
◆ <u>持続</u> 可能な社会の実現を目指す…将来世代の発展を考え、環境保全と開発を両立させる社会。

1960年代
1980年代
★ 北九州市の環境の変化
（朝日新聞社／Cynet Photo）

● <u>水俣</u> 病
→熊本県水俣市周辺で発生。化学工場の排水に含まれていたメチル水銀で海が汚染された。
◆ 四大公害病…水俣病のほかにイタイイタイ病、四日市ぜんそく、新潟水俣病。

◆ 公害の克服…市や住民などの取り組みが進み、環境問題の改善に積極的に取り組む環境 <u>モデル</u> 都市やエコタウンに選定。

(3)沖縄県の環境と暮らし

● 自然と暮らし、文化
◆ 台風の被害が大きい…強風に備えて、屋根のかわらをしっくいで固めたり、周りを <u>石垣</u> のへいで囲んだりした伝統的な住居がみられる。
◆ かつて <u>琉球</u> 王国が栄え、独自の文化が発達。
→首里城、三線、組踊、エイサーなど。

★ 沖縄県の伝統的な住居

● 産業と課題
◆ <u>さとうきび</u> の生産…日照りや台風に強い。
◆ パイナップルや菊、マンゴーも生産量が増加。

収益の多い花やくだものは、航空機を使って東京などへ出荷している。

◆ 観光業と環境問題…リゾート開発などのために海が汚れ、<u>さんご</u> 礁の破壊が進んでいる。
◆ アメリカ軍の基地が多い…日本にあるアメリカ軍基地の約4分の3が沖縄県にある。

九州地方の環境問題
〔 〕にあてはまる地名や語句を書きましょう。

〔 <u>北九州</u> 〕市
大気汚染や水質汚濁が発生
〔 <u>水俣</u> 〕病 が発生
沖縄県 〔 <u>さんご</u> 〕礁 の破壊が問題
〔 <u>桜島</u> 〕
たびたび噴火し、火山灰土が降って農業や生活に被害
〔 <u>屋久</u> 〕島
世界自然遺産の保護と観光の両立が課題

火山灰土のシラス台地は、大雨が降るとがけ崩れが起こりやすい。

---

(1)地形

● 二つの山地と地域区分
◆ 山地…中国地方になだらかな中国山地、四国地方に険しい四国山地。
◆ 三つに分かれる地域
・<u>山陰</u> …中国山地の北の日本海側。
・<u>瀬戸内</u> …中国山地と四国山地にはさまれた瀬戸内海に面した地域。
・南四国…四国山地の南の太平洋側。

中国地方の中国山地より南の瀬戸内海側は山陽という。

● 瀬戸内の地形
◆ 瀬戸内海は多くの小島があり、古くから重要な交通路。
◆ 岡山平野、讃岐平野、広島平野など、小規模な平野が多い。

平野部にある広島市や岡山市、高松市などに人口が集中。

中国・四国地方の地形と地域区分
〔 〕にあてはまる地名を書きましょう。

三つの地域は、中国山地と四国山地が境になっている。

日本海
鳥取平野
鳥取砂丘
〔 <u>中国</u> 〕山地
中国山地
岡山平野
広島平野
〔 <u>四国</u> 〕山地
南四国
〔 <u>讃岐</u> 〕平野
太平洋

(2)気候

● 山陰
冬は北西の季節風の影響で <u>雪</u> や雨の日が多い。

● 瀬戸内
◆ 年間降水量が少なく冬も比較的温暖。夏・冬とも季節風が山地にさえぎられるため。

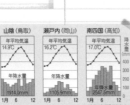
山陰(鳥取)
年平均気温 14.9℃
1914.0mm

瀬戸内(岡山)
年平均気温 16.2℃
1105.9mm

南四国(高知)
年平均気温 17.0℃
2547.9mm

(令和3年版「理科年表」)
★ 山陰・瀬戸内・南四国の雨温図

◆ 水不足に悩まされた <u>讃岐</u> 平野では、昔から多くのため池を利用し、農業用水を確保。
→現在は香川用水を利用。

● 南四国
◆ 夏の南東の季節風や台風の影響で雨が多い。
◆ 一年を通じて <u>黒潮(日本海流)</u> の影響で温暖。

(3)農業と水産業

● 南四国の農業
◆ 高知平野は、かつては米の二期作がさかん…温暖な気候をいかし、1年に米を2度つくる。
◆ 現在は野菜の <u>促成</u> 栽培が中心。
・温暖な気候をいかし、ビニールハウスなどで栽培。
→とくに <u>なす</u> やピーマン・きゅうりの生産が多い。
・ほかの産地より早い時期(冬から春)に出荷でき、高い値段で売れるので有利。保冷トラックで各地の市場へ。

なす
高知 13.1%
その他 30.075 熊本 10.6
群馬 8.6
鹿児島 7.0
福岡

ピーマン
茨城 23.8%
その他 14.075 宮崎 18.9
高知 9.0
鹿児島 9.6

(2018年)〔2020/21年版「日本国勢図会」〕
★ なすとピーマンの生産量割合

● 瀬戸内の農業
◆ 愛媛県で <u>みかん</u> 栽培…日当たりのよい斜面でさかん。
→伊予かんやデコポンなどのかんきつ類も生産。
◆ 広島県で <u>レモン</u> 、香川県の小豆島でオリーブ、岡山県でぶどう・ももの生産がさかん。

愛媛県のみかん栽培
瀬戸内海

● 山陰の農業
◆ 鳥取平野の果樹栽培… <u>なし</u> の栽培がさかん。
◆ 鳥取砂丘の開発…防砂林やかんがい設備を整備し、砂地に適したらっきょう・すいか・メロンなどを栽培。

● 水産業
◆ 瀬戸内海沿岸で養殖業がさかん…広島県の広島湾で <u>かき</u> 、愛媛県の宇和海でぶりやたいなど。
◆ 山陰の漁業…境港は全国有数の水揚げ量を誇る。

海岸線が複雑に入り組んでいて水面がおだやかなので、養殖に適している。

(1)工業

◆ 瀬戸内 工業地域の発展

◆発達した背景…原料の輸入や製品の輸送に
便利で、塩田のあと地や広い埋め立て地を工
業用地として利用できた。

◆1960年代以降、瀬戸内海沿岸に工場の進出が
続き、石油化学工業や鉄鋼業などの大規模な
臨海工業地域を形成。

☆瀬戸内工業地域の主な工業都市

◆主な工業

◆石油化学工業… 倉敷 市の水島地区(岡山県)や周
南市(山口県)などに石油化学コンビナートが発達。

◆鉄鋼業… 福山 市(広島県)、倉敷市水島地区など。

◆自動車工業…広島市とその周辺など。

石油化学コンビナートでは、石油関連の工場が結びついて効率よく生産している。

(2)中国・四国地方最大の都市・広島

◆城下町として発展。第二次世界大戦末期の1945年8
月6日に 原子爆弾(原爆) が投下され、大きな
被害を受けた。

◆現在、平和記念都市として世界平和を訴えている。

→原爆ドームはユネスコの 世界(文化)遺産
に登録されている。

◆地方 中枢 都市…中国・四国地方の政治・経済の中心都
市。政令指定都市でもある。

☆原爆ドーム

原子爆弾の爆心地付近の建物が当時のままの姿で保存されている。

(3)交通網の発達

◆ 本州四国連絡 橋

◆三つのルート…児島(倉敷)一坂出ルート(瀬戸 大橋)、
神戸一鳴門ルート(明石海峡大橋など)、尾道一今治ルート
(しまなみ海道)。

◆開通による変化…四国-本州間の通勤・通学者が増加。
本州の大都市に人が吸い寄せられる ストロー現象 がみられ
る。フェリーの利用者が減り、多くの航路が廃止される。

本州の大都市へ買い物に行く人が増え、地方都市の中には経済が落ち込んでしまったところもある。

◆高速道路の整備

◆中国地方の東西を結ぶ 中国 自動車道や山陽自動車道、
南北を結ぶ米子自動車道、浜田自動車道など。

◆影響…工場の誘致が進み、沿線に、多くの工場が集まる工
業団地や流通センターもつくられた。
→工業が発達し、住宅地ができて人口が増加した地域もあ
る。

大都市に近くなくても地元の工場などで働けるようになったよ。

中国・四国地方の主な交通網

[ ]に当てはまる都市名を書きましょう。

A:
[神戸]〜鳴門
ルート

B:
児島〜[坂出]
ルート

C:
[尾道]〜今治
ルート

(4)人口が減少している地域

◆ 過疎 化が進行

◆人口が著しく減り、社会生活が困難になっている。山間部
や離島で目立つ。→ 耕作放棄地 も拡大。

◆原因…若い人を中心に、仕事を求めて都市に移り住む人
が後を絶たない。
→このため、地域の 高齢 化が進んでいる。

◆過疎地域の取り組み

◆町おこし・村おこし(地域おこし)…観光資源や特産品
などをいかし、地域を活性化させる試み。
→地産地消を推進したり、特産品をさまざまな製品に加
工してインターネットで販売したりしている。

地産地消とは、地域の生産物を、その地域で消費すること。

高齢者の割合がとても高い。

☆過疎地域の徳島県上勝町の人口ピラミッド

---

(1)自然

◆地形

◆北部…中国山地や丹波高地などのなだらかな山地。
若狭 湾は複雑に入り組んだリアス海岸。

◆中央部…京都盆地や奈良盆地、大阪平野や播磨平野などの
盆地・平野があるが、小規模。

◆南部…紀伊半島に険しい 紀伊 山地が連なる。志摩半島
にリアス海岸がみられる。

◆気候

◆北部…冬は北西の 季節風 の影
響で雪や雨が多い。

◆中央部…大阪湾岸は瀬戸内の気候
で、降水量が少ない。内陸の盆地は
夏と冬の気温差が大きい。

◆南部…夏は南東の季節風の影響で雨
が多い。とくに紀伊半島の南東部は日本有数の多雨地域。
沿岸は 黒潮(日本海流) の影響で冬でも温暖。

	北部(舞鶴)	中央部(大阪)	南部(潮岬)
年平均気温	14.5℃	16.9℃	17.3℃
年降水量	1826.6mm	1279.0mm	2519.0mm

(令和3年版「理科年表」ほか)
☆近畿地方の各地の雨温図

紀伊山地の南の潮岬はとくに降水量が多い。

(2)琵琶湖の役割と環境

◆ 琵琶湖 は日本最大の湖で、滋賀県の面積の約6分の1を
占める。ラムサール条約にも登録されている。

◆近畿地方の水がめ…琵琶湖から流れ出る 淀川(瀬田川)
などの水系は、各府県に飲料水や工業用水を供給している。

◆環境問題

◆湖水の汚れ…生活排水や工場廃水が原因で富栄養化が進
む。

◆(淡水) 赤潮 が発生…水質悪化のため、プランクトンが
大量発生し、水が赤くそまって見える現象。
→魚が窒息死し、水産業に被害を与える。

◆対策…工場廃水を規制するとともに、家庭でリンを含む合
成洗剤の使用を禁止した。ヨシ群落を復元する取り組みも。

くるしい!
赤潮

近畿地方の地形

[ ]に当てはまる地名を書きましょう。

[琵琶]湖
[淀(瀬田)]川
[大阪]平野
[紀伊]山地
熊野川(新宮川)

英虞湾では真珠の養殖、日本海側ではズワイガニの水揚げがさかん。

(3)農林業

◆農業

◆大都市周辺で 近郊 農業…大都市向けに野菜や花を生
産。京都では、京野菜と呼ばれる伝統野菜を栽培。

◆和歌山県で みかん 栽培…海沿いの日当たりのよい山
の斜面でさかん。かき・うめの生産も多い。

和歌山	20.1%
その他 77.4%	静岡 14.8
	愛媛 14.7
長崎 6.4	熊本 11.7

(2018年) (2020/21年版「日本国勢図会」)
☆みかんの生産量の割合

◆林業

◆紀伊山地は全国有数の林業地帯…温暖で雨が多く、木がよ
く育つ。吉野 すぎ 、尾鷲ひのきは美林として有名。

働く人の高齢化や、あと継ぎ不足が課題となっている。

(4)阪神工業地帯

◆ 阪神 工業地帯は、大阪湾沿岸を中心に形成されている。

◆歩み

◆第二次世界大戦前、せんい工業を中心に、日本を代表する工
業地帯として発展→戦後、臨海部に重化学工業が発達。

◆近年、大阪湾岸に蓄電池や太陽光パネルなどの新しい工場
が進出。

鉄鋼業や石油化学工業の伸び悩みによって、工場の閉鎖や移転が進んだ。

◆特色

◆内陸部の東大阪市などに 中小 企業の町工場が多い。
→特定の部品や製品で優れた技術をもつ企業もある。
→騒音や振動を規制する取り組みを進める。

東大阪市の町工場は、協力して人工衛星づくりに取り組んだ。

(1)大都市圏の形成

◇ **大阪(京阪神) 大都市圏**…大阪・京都・神戸(兵庫県)を中心に人口が集中している地域。

◆中心都市と周辺地域が鉄道や道路で結ばれている。私鉄が発達し、大阪湾の海上には関西国際空港がある。

◆郊外に、住宅団地を中心とする __ニュータウン__ …大都市の過密を解消するために建設。千里・泉北などがある。

> ニュータウンでは、建物の老朽化や少子高齢化が問題になっている。

◇中心都市・大阪

◆江戸時代は「天下の __台所__ 」と呼ばれた…全国から物資が集まる商業の中心地として発展。

◆その後も卸売業や工業が発展。

◆再開発…臨海部の埋め立て地にはテーマパークや高層マンションなどが建設された。中心部の梅田などの __ターミナル__ 駅周辺に大型の商業ビルが次々と誕生。

☆再開発が進む大阪の中心部

◇国際都市・神戸

◆江戸時代末に開港して以来、貿易都市として発展。

◆外国文化のおもかげが残る…異人館街や中華街など。

◆市街地の拡大…臨海部を埋め立てて __ポートアイランド__ や六甲アイランドなどの人工島を建設。

◆ __阪神・淡路__ 大震災…1995年、神戸市を中心に大きな被害を出した地震。6000人を超える死者が出た。

> 丘陵地を削ってニュータウンをつくり、削った土で海を埋め立てた。

(2)古都京都・奈良

◇京都の町並み

◆長く日本の都…794年から平安京が置かれ、当時の碁盤目状の整然とした道路網が残る。

◆寺院・神社などの多くの文化財…ユネスコの __世界(文化)遺産__ に登録されている。国宝や重要文化財に指定された建物や絵画、彫刻なども多い。

◆国際観光都市…世界各地から多くの観光客が訪れる。

◇京都の伝統文化

◆伝統行事…祇園祭は平安時代から受け継がれてきた祭り。

◆伝統的工芸品が多い… __西陣織__ 、京友禅(染物)、京焼・清水焼など。

◆伝統的な住居の __町家(京町家、町屋)__ が残る…商店と住居を兼ねた家。

☆京都の町家

> 外観はそのままで喫茶店などに改装した町家もある。

◇歴史的景観の保全

◆近年、高層ビルの建設などで歴史的景観が損なわれる問題が発生。

◆市が __条例__ を制定…建物の高さや外観、看板などを規制して歴史的景観を保全。
→暮らしの利便性や企業活動と、歴史的景観の保全との調和が課題。

◇古都奈良

◆710年に平城京がつくられた…大仏のある __東大__ 寺や唐招提寺など多くの寺院が残る。

◆多くの文化財が世界(文化)遺産に登録されている。

☆近畿地方の世界(文化)遺

> 奈良墨や奈良筆などの伝統的工芸品がある。

近畿地方の主な都市
( )に当てはまる都市名を書きましょう。

(大阪)市
(京都)市
(神戸)市
ポートアイランド
関西国際空港
(奈良)市

---

(1)地形

◆中部地方は大きく三つの地域に分けられる。

◇北陸

◆日本最長の __信濃__ 川の下流に越後平野が広がる。

◇中央高地

◆ __日本アルプス__ (日本の屋根)…3000m級の山々が連なる飛驒山脈・木曽山脈・赤石山脈の総称。

◆浅間山や御嶽山などの火山がある。

◆山々の間に多くの盆地…長野盆地・松本盆地・諏訪盆地・甲府盆地など。

◇東海

◆ __濃尾__ 平野…木曽川・長良川・揖斐川が流れる。
・下流域の低地に __輪中__ がみられる…洪水を防ぐため、周りを堤防で囲んだ地域。

☆中部地方の地域区分

(Cynet Photo) ☆濃尾平野西部の輪中

(2)気候

◆北陸は、冬は日本海からの北西の季節風の影響で __雪(雨)__ が多く降る。

◆中央高地は、1年を通じて降水量が少なく、夏・冬の気温差が大きい。

◆東海は、夏は太平洋からの南東の季節風の影響で __雨__ が多く降る。冬でも黒潮(日本海流)の影響で温暖。

北陸(上越) 年平均気温 13.6℃ 年降水量 2755.3mm
中央高地(松本) 年平均気温 11.8℃ 年降水量 1031.0mm
東海(静岡) 年平均気温 16.5℃ 年降水量 2324.9mm
(令和3年版「理科年表」)
☆北陸・中央高地・東海の雨温図

(3)農業・水産業

◇東海

◆水が得にくい台地に、豊川用水や愛知用水などの大規模な用水路が整備されて、農業がさかんになった。

◆ __渥美__ 半島、知多半島で、ビニールハウスや温室を使った施設園芸農業がさかん→キャベツ、温室メロン、花などを栽培。

・電照菊の栽培…温室で夜間に照明を当て、菊の開花を遅らせて、秋から冬に出荷している。抑制栽培の一つ。

◆静岡県は日本有数の茶の産地…温暖で日当たりと水はけのよい牧ノ原などの台地でさかん。
・ __みかん__ の生産も多い…日当たりのよい傾斜地で栽培。

◆静岡県の焼津港は遠洋漁業の基地で水揚げ量は全国有数。

> 菊は日が長くなると開花が遅れる。

◇中央高地

◆盆地周辺の __扇状__ 地で果樹栽培がさかん。
・甲府盆地(山梨県)… __ぶどう__ とももの産地。
・長野盆地・松本盆地(長野県)… __りんご__ 、ぶどう、ももの生産が多い。

◆高地で高原野菜…八ケ岳のふもとの野辺山原などで、夏の涼しい気候をいかし、 __レタス__ 、キャベツ、はくさいなどの抑制栽培を行っている。
→ほかの地域からの出荷量が少ない夏に出荷するので、高い値段で売れ、有利。

◇北陸

◆稲作がさかん…越後平野は日本を代表する米どころ。
→コシヒカリを中心とする銘柄米を栽培。

◆水田単作地帯…冬は多くの積雪で農作業ができないため、1年に1度米だけをつくる。

> 昼と夜の気温差が大きく、扇状地は水はけがよいため。

> 山梨県などでは、ぶどうを原料としたワインの生産もさかん。

☆ぶどうの生産量の割合

中部地方の農業・水産業
( )に当てはまる地名や農産物を書きましょう。

長野盆地
りんご・ぶどう・ももの栽培

(越後)平野
稲作

八ケ岳のふもと
高原野菜の栽培

(渥美)半島
施設園芸農業

(甲府)盆地
ぶどう(もも)の栽培

牧ノ原
(茶)の栽培

焼津港

(Cynet Photo) ☆焼津港でのかつおの水揚げ

(1)東海の工業

◎ 中京 工業地帯

◆ 名古屋市を中心に、伊勢湾沿岸部から内陸部にかけて広がる日本最大の工業地帯。

◆ 第二次世界大戦後、 自動車 工業の成長とともに大きく発展。

計70兆円
福岡 5.1┐
神奈川 5.9┐┌群馬 5.0
| 愛知 38.4% | 静岡 6.4 | その他 |

(2018年) (2021年版「県勢」)
★輸送用機械の生産額の割合

◎ 中京工業地帯の主な工業都市

◆ 豊田 市(愛知県)…日本有数の自動車工業都市。自動車工場を中心に、周辺には多くの関連工場が集まる。

市名は自動車会社の名前にちなんでつけられた。

→1930年代から自動車の生産が始まり、自動車工業とともに市が発展した。

◆ 臨海部の東海市(愛知県)で鉄鋼業、四日市市(三重県)で 石油化学 工業などが発達。

◆ 陶磁器の産地の瀬戸市(愛知県)・多治見市(岐阜県)では、ファインセラミックスという新素材を生産。

もとの市名

◎ 東海 工業地域

◆ 静岡県の太平洋沿岸に広がる工業地域。

◆ 浜松 市で楽器・オートバイの生産、磐田市で自動車・オートバイの生産、富士市で製紙・パルプ工業がさかん。

計8兆円
┌北海道 5.2
| 静岡 11.3% | 愛知 7.1 | 愛媛 6.7 | 埼玉 5.9 | その他 |

(2018年) (2021年版「県勢」)
★パルプ・紙・紙加工品の生産額の割合

東海の主な工業都市

[ ]に当てはまる都市名を書きましょう。
- [四日市]市 (石油化学)
- [名古屋]市 (工業精密機械)
- [富士]市 (製紙・パルプ)
- [豊田]市 (自動車)
- [磐田]市 (自動車・オートバイ)
- 東海市 (鉄鋼)
- [浜松]市 (楽器・オートバイ)

(2)中央高地と北陸の工業

◎ 中央高地の工業の変化

◆ 第二次世界大戦前…養蚕がさかんで 製糸 業が発達。

◆ 大戦中…東京などの大都市から機械工場が移転。

◆ 戦後…長野県の諏訪盆地で時計・カメラ・レンズなどの 精密機械 工業が発達。

すんだ空気やきれいな水が精密機械工業に適していた。

◆ 近年は松本盆地や伊那盆地などの高速道路沿いに、電子部品などの電気機械工業の工場が進出している。

◎ 北陸の工業

◆ 富山県ではアルミニウム工業がさかん。

→豊富な雪どけ水や水力発電による電力を利用。

◆ さまざまな 地場(伝統) 産業…農家の副業として発達。

→冬は積雪が多く、農作業が難しいため。

・燕市(新潟県)でスプーンなどの金属製品、鯖江市(福井県)で眼鏡フレームづくりなど。

用語 地場産業とは？古くから受け継がれてきた技術を用い、地元産の原材料からさまざまなものをつくる産業。

◆ 伝統的工芸品…輪島市(石川県)の 輪島塗 、小千谷市(新潟県)の小千谷ちぢみ、金沢市(石川県)の加賀友禅、高岡市(富山県)の高岡銅器など。

■輪島
輪島塗
■越後三条
打刃物
■金沢
加賀友禅
■越前
越前和紙
■小千谷
小千谷ちぢみ
■高岡
高岡銅器

★北陸の主な伝統的工芸品

(3)名古屋大都市圏と交通の発達

◎ 名古屋大都市圏…名古屋市を中心に、東京大都市圏・大阪大都市圏につぐ大都市圏を形成。名古屋市は政令指定都市で国の出先機関などが集まる。

◆ 東海道 新幹線、東名・名神高速道路などで東京大都市圏・大阪大都市圏と結びつく。

◆ 世界との結びつき

・ 名古屋 港…日本有数の貿易港。自動車の輸出が多い。

・中部国際空港…中部地方の拠点空港。

◆ 交通の発達と観光業

・高速道路や新幹線の整備とともに各地の観光地がにぎわう。

・主な観光地…中央高地の高原・温泉、伝統的な町並みが残る金沢市、岐阜県・富山県にある白川郷・五箇山の 合掌 造り集落(世界文化遺産に登録)など。

(朝日新聞社／Cynet Photo)
★輪島塗

---

(1)自然

◎ 地形

◆ 広い 関東 平野…関東地方の面積の約半分を占める日本最大の平野。 関東ローム に覆われた台地と、川沿いには低地がみられる。

用語 関東ロームとは？火山灰が積もってできた赤褐色の土壌。

◆ 利根 川…流域面積は日本最大。長さは日本第2位。

◆ 山地…西部に関東山地、北西部に越後山脈。

◎ 気候

◆ 大部分は 太平洋 側の気候に属する。

→夏は雨が多く、冬は晴れの日が多く、乾燥する。

関東地方の内陸部で冬に吹く冷たい北西の季節風をからっ風という。

◆ 東京都とその周辺で ヒートアイランド 現象…都市部の気温が周辺部より高くなる現象。

→高層ビルにより風通しが悪くなることなどが原因。

◆ 太平洋上にある小笠原諸島は亜熱帯(性)の気候…自然が豊かで、世界(自然)遺産に登録されている。

ヒートアイランド現象

関東地方の地形

[ ]に当てはまる地名を書きましょう。
- [越後]山脈
- [関東]平野
- 霞ヶ浦
- [関東]山地
- [利根]川
- 三浦半島
- 房総半島

房総半島は、近くを流れる暖流の黒潮(日本海流)の影響で冬でも温暖な気候。

(2)首都東京と東京大都市圏

◎ 人口が集中した過密地帯

◆ 関東地方には全国の人口の約3分の1が集中。

◆ 東京大都市圏…東京の周辺に五つの政令指定都市。

→ 横浜 市、川崎市、相模原市、さいたま市、千葉市。

人口が50万人以上で、都道府県並みの権限をもっている都市が政令指定都市。

(3)首都・東京

◆ 政治 ・経済の中心…国会議事堂や中央官庁、大きな銀行の本店や大企業の本社が集まる。

◆ 文化や情報の発信地…テレビ局や新聞社などが集まり、情報通信技術(ICT)関連産業が発達。

◆ 世界都市…世界各国の大使館や国際機関、外資系企業などが集まり、多くの外国人が住む。

◆ 都心 …国の中枢機能が集まる千代田区や中央区など。

◆ 副都心 …ターミナル駅がある新宿や渋谷など。

★東京都千代田区永田町の官庁街
(ピクスタ)

◎ 交通網…東京とその周辺は世界との玄関口となっている。

◆ 成田 国際空港…貿易額は日本最大。国際線が充実。

◆ 東京国際(羽田)空港…国内航空路線の中心。国際線も増加。

◆ 横浜港や東京港、千葉港など日本有数の貿易港がある。

(3)都市問題とその対策

◎ 都市問題…東京への一極集中が進んだことで発生。

◆ 過密(化)による問題…住宅の不足、通勤ラッシュ、ごみ処理場の不足などの問題。

◆ 高い地価…地価の安い郊外に住宅地が拡大。

◆ 人口の移動…都心では昼間人口が夜間人口よ り 多い 。

→郊外・近県から都心に通勤・通学する人が多いため。

┌埼玉県┐ ┌茨城県┐
84万人 6万人
東京23区外 ┌千葉県┐
55万人 70万人
神奈川県
91万人
(2015年)
(平成27年「国勢調査報告」)
★東京23区への通勤・通学者数

◎ 対策

◆ 1970年代から、郊外に ニュータウン を建設…住宅団地を中心とした計画都市。多摩ニュータウンなど。

◆ 1990年代から都心部や臨海部の 再開発 が進む…古い建物をこわし、高層マンションやオフィスビル、大型商業施設などを建設して、新しい町につくり直す。

茨城県のつくば市には、東京から大学や研究機関を移転させて筑波研究学園都市を建設。

◆ 都市機能の分散…横浜市の みなとみらい21 (神奈川県)、幕張新都心(千葉県)、さいたま新都心(埼玉県)の建設。

◆ 郊外の都市を結ぶ環状道路を整備して、交通の混雑を緩和。

(1)工業

- **京浜 工業地帯**
  - ◆東京都・神奈川県・埼玉県にまたがって発達した工業地帯。
  - ◆かつては日本最大の工業地帯…近年は閉鎖されたり，内陸部などへ移転したりする工場も多い。
  - ◆臨海部で重化学工業が発達。機械工業の割合が高い。
  - ◆東京で **印刷** 業がさかん…出版社や新聞社が多いため。
  - ◆世界的にも優れた技術をもつ，中小企業の町工場がある。

★印刷・同関連業の生産額の割合

印刷業の製品

- **京葉 工業地域**
  - ◆1960年代から，東京湾岸の千葉県側を埋め立てて建設された臨海工業地域。石油化学コンビナートが立地。
  - ◆鉄鋼業・ **石油化学** 工業がとくに発達している。

- **北関東 工業地域**
  - ◆関東北部の内陸部に発達…地価が安く広い土地があったことから多くの工場が進出。たくさんの日系人が働く。
  - ◆高速道路網の整備とともに発展…高速道路のインターチェンジ付近に，多くの工場が集まる **工業団地** が点在。
  - ◆とくに自動車や電気機械の生産など機械工業がさかん。ほかにも食料品工業や印刷業などが発達。

> 内陸部では，原料の輸入に依存しない組み立て型の工業が発達している。

関東地方の工業地帯・地域

（　）に当てはまる工業地帯・地域名を書きましょう。

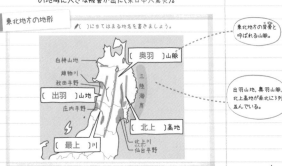

[北関東] 工業地域
[京葉] 工業地域
[京浜] 工業地帯

> 北関東工業地域と京葉工業地域は，京浜工業地帯がのびるような形で形成された。

(2)農業

- ◎稲作…利根川流域などの低地でさかん。
- ◎畑作・畜産…関東平野の台地は全国有数の畑作地帯。
  - ◆ **近郊** 農業…茨城県や千葉県などでさかん。東京など大消費地向けに野菜や花を生産。
    - →大消費地に近いので，新鮮な農産物を安い輸送費で，早く出荷できるのが利点。
    - →住宅地の拡大で大都市周辺の農地が減り，離れたところに農業地域が移動している。
  - ◆花の栽培…冬でも温暖な気候をいかして，**房総** 半島南部（千葉県）などでさかん。
  - ◆畜産…新鮮さが求められる牛乳（生乳）や卵などの生産がさかん。
- ◎高原野菜の栽培
  - ◆夏でも涼しい浅間山山麓の群馬県嬬恋村では，**キャベツ** の抑制栽培がさかん。
  - ◆発達の理由…高速道路網の整備や保冷技術の発達で，大都市への輸送が便利になった。
    - →保冷トラックを利用して出荷。

> 関東地方の県が高い割合を占めている。

★主な野菜の生産量の割合

(3)第三次産業

- ◆多くの人が集まるため，第 **三** 次産業がとくに発達。
- ◎情報通信技術（ **ICT** ）関連産業…パソコンやインターネットに関わる技術を利用した産業が発達。
- ◎商業…東京大都市圏は日本最大の消費地のため，デパートや大型ショッピングセンター，物流センターなどの商業施設が多い。
- ◎観光業…東京ディズニーリゾートや浅草などに国内外から多くの観光客が訪れる。

> 東京には，ゲームやアニメなどの制作に関わるコンテンツ産業も集中。

★アニメ制作の仕事風景

---

(1)自然

- ◎山地
  - ◆中央に **奥羽** 山脈，日本海側に出羽山地，太平洋側になだらかな **北上** 高地。
  - ◆ **白神** 山地…青森県と秋田県の県境。ぶなの原生林など自然が豊かで，世界自然遺産に登録。

★白神山地

- ◎主な川と流域の盆地・平野
  - ◆雄物川…横手盆地，秋田平野が広がる。
  - ◆ **最上** 川…山形盆地，庄内平野が広がる。
  - ◆北上川…北上盆地，**仙台** 平野が広がる。

> 東北地方は山地が多く，狭い平野に市街地が発達し，人口が集中している。

- ◎海岸地形
  - ◆三陸海岸南部は複雑に入り組んだ **リアス** 海岸。
    - →2011年の東北地方太平洋沖地震による **津波** で，沿岸の地域に大きな被害が出た（東日本大震災）。

東北地方の地形

（　）に当てはまる地名を書きましょう。

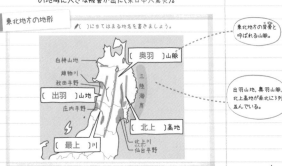

白神山地
雄物川
秋田平野
[出羽] 山地
庄内平野
[奥羽] 山脈
[北上] 高地
[最上] 川
北上川
仙台平野

> 東北地方の背骨と呼ばれる山脈。

> 出羽山地，奥羽山脈，北上高地が南北に3列並んでいる。

- ◎気候…奥羽山脈を境に日本海側と太平洋側で大きく異なる。
  - ◆日本海側…冬は大陸（日本海）から吹く北西の季節風の影響で，多くの雪や雨が降る。
  - ◆太平洋側…夏に，**やませ** という冷たい北東風が吹くと，日照不足や低温になり，冷害が起こりやすい（→57ページ）。

やませ

(2)農業と水産業

- ◎さかんな稲作
  - ◆日本の穀倉地帯…庄内平野・仙台平野・秋田平野などの平野のほか，盆地でもさかん。東北地方で全国の約3割の米を生産している。1年に1度米だけをつくる水田単作地帯。
  - ◆稲作の変化
    - ・第二次世界大戦後，食生活の洋風化によって米の消費量が減り，1970年代ごろから米が余るようになった。
      - →米の生産量を抑えるため，転作などをすすめる **減反** 政策を実施。
    - ◆冷害対策…品種改良を進め，味がよく，低温や病気にも強い **銘柄** 米（ブランド米）を開発。

> 秋田県の「あきたこまち」や山形県の「つや姫」など。

- ◎果樹栽培
  - ◆水はけのよい傾斜地や盆地などでさかん。
  - ◆りんご…津軽平野を中心に，**青森** 県が全国の半分以上を生産。
  - ◆ **さくらんぼ** …山形盆地を中心に，山形県で全国の約4分の3を生産。
  - ◆もも… **福島** 県・山形県。
  - ◆西洋なし…山形県など。

> りんごは，涼しい気候の青森県名産で，長野県でも生産がさかん。

★りんごとももの生産量の割合

- ◎畑作と畜産
  - ◆遠野市（岩手県）ではビールの原料のホップ，三本木原（青森県）ではにんにくやごぼうなどの生産がさかん。
  - ◆北上高地などでは，乳製品をつくる **酪農** がさかん。

- ◎水産業
  - ◆ **三陸** 海岸沖は，寒流の親潮（千島海流）と暖流の黒潮（日本海流）が出合う潮境（潮目）で，多くの魚が集まる。
  - ◆わかめ・こんぶなどの養殖業…三陸海岸南部はリアス海岸で，湾内は波が静かなため養殖に適している。
  - ◆太平洋沿岸に多くの良港…東日本 大震災で大きな被害を受けたが，水揚げ量や生産量が回復してきている。

★米の地方別生産量の割合

(1)工業と都市

◎工業の発展
- ◆交通網の発達…1970～1980年代に東北自動車道・東北新幹線が開通して以来，関東地方との人・ものの移動が便利になった。
- ◆工場の進出…高速道路沿いに，電子部品や自動車などを生産する工場が集まった **工業団地** が建設された。
- ◆生活の変化…かつては，関東地方へ集団で就職したり，冬の間だけ出かせぎに行ったりする人が多かったが，工場の進出によって，地元で働く人が増えた。
- ◆再生可能エネルギーの導入…風力，地熱，太陽光など。
  →東日本大震災での原子力発電所の事故がきっかけ。

> 東北地方は，広い工場用地を得やすく，働く人が多かったことも工場進出の背景。

◎伝統産業
- ◆農作業ができない冬の副業として発展。
- ◆伝統的工芸品…地元の資源を使い，伝統的技術でつくられた工芸品のうち，とくに優れているとして国が指定したもの。
  - ・漆器… **津軽** 塗（青森県）など。
  - ・ **南部** 鉄器…岩手県盛岡市など。地元の砂鉄や漆，木材などを利用。
  - ・木工品…大館曲げわっぱ（秋田県），天童将棋駒（山形県），宮城伝統こけし（宮城県）など。
- ◆課題…職人の **高齢** 化によって，後継者不足が進む→若い後継者の育成に力を入れる必要がある。
- ◆新たな取り組み…南部鉄器では，現代風のデザインの製品を生産するなどして海外へも出荷。

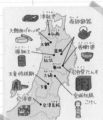
★東北地方の主な伝統的工芸品

◎仙台市（宮城県）
- ◆企業の支社や政府の出先機関が集まる東北地方の地方中枢都市。東北地方唯一の **政令指定** 都市でもある。
- ◆人口は100万人を超え，仙台市を中心に都市圏を形成。
  →通勤や通学，買い物や観光で多くの人がやってくる。

> 仙台市は城下町として発展した都市。緑が豊かで「杜の都」として知られる。

(2)伝統的な文化と暮らし

◎伝統的な文化
- ◆地域の自然や生活，文化の影響を強く受けた **民俗** 行事や，豊作を祈ったり，収穫に感謝したりする祭りなどの伝統行事が受け継がれている。
  →秋田県の「男鹿のナマハゲ」は国の重要無形民俗文化財。
- ◆東北三大祭り…毎年8月に青森 **ねぶた** 祭（青森市），秋田竿燈まつり（秋田市），仙台七夕まつり（仙台市）。国内外から多くの観光客が集まる。
- ◆伝統芸能…花巻市（岩手県）の早池峰神楽，仙台市の秋保の田植踊などは，ユネスコの無形文化遺産に登録されている。
- ◆食文化…だいこんを煙でいぶして，米ぬかなどでつけた漬け物のいぶりがっこ（秋田県）は冬の保存食だった。

★秋田竿燈まつり (Cynet Photo)

> 米の豊作を願う祭り。提灯は稲穂を見立てている。

◎伝統的な住まいや町並み
- ◆曲家（南部曲家）… **岩手** 県や青森県の伝統的住居。居間と馬屋が土間を隔てててL字型に結ばれている。
- ◆青森県黒石市のこみせ…買い物の人々を冬の雪，夏の日ざしや雨から守るひさしが連なる伝統的町並み。
- ◆文化遺産…岩手県 **平泉** 町の中尊寺など平安時代の寺院・遺跡が世界文化遺産に登録されている。

> 岩手県は馬の飼育がさかんで，馬を大事に育ててきた「チャグチャグ馬コ」などの伝統行事も残る。

東北地方の伝統的な文化 　（　）に当てはまる地名を書きましょう。

- ねぶた祭〔 青森 〕市
- 竿燈まつり〔 秋田 〕市
- こみせ 黒石市
- 世界文化遺産 平泉町
- 七夕まつり〔 仙台 〕市

---

(1)地形

◎山地
- ◆中央部に **日高** 山脈，北見山地などが南北に連なる。
- ◆火山が多い…有珠山，十勝岳，大雪山など。洞爺湖・屈斜路湖などは， **カルデラ** に水がたまってできた湖。

> 火山の噴火に備えて，ハザードマップを利用した避難訓練などが行われている。

◎平野と台地
- ◆石狩平野…石狩川が流れる。低湿地が多い。
- ◆十勝平野…十勝川が流れる。火山灰地が多い。
- ◆ **根釧** 台地…火山灰土に厚く覆われた台地。

> 石狩川の長さは日本第3位。

(2)気候

- ◆全体に冷帯（亜寒帯）の気候…冬の寒さが厳しく，夏でも涼しい。はっきりとした梅雨がみられない。
- ◆日本海側…冬は北西の **季節** 風の影響で雪が多く降る。夏は比較的高温。
- ◆内陸部…夏は比較的高温になり，冬はとくに低温。-30℃以下になることもある。
- ◆太平洋側…夏の南東の季節風が寒流の親潮（千島海流）の影響で冷やされることで，濃霧が発生しやすい。
  →夏でも気温が上がらないことがある。
- ◆オホーツク海沿岸…冬に **流氷** が押し寄せ，春先まで港が閉ざされる。

日本海側（札幌）	太平洋側（釧路）
年平均気温 8.9℃	年平均気温 6.2℃
年降水量 1106.5mm	年降水量 1042.9mm

★日本海側と太平洋側の気候

> 太平洋側の釧路のほうが，夏の気温が低い。

北海道の地形 　（　）に当てはまる地名を書きましょう。

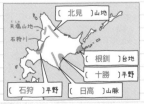
- 〔 北見 〕山地
- 天塩山地
- 石狩川
- 〔 根釧 〕台地
- 〔 十勝 〕平野
- 〔 石狩 〕平野
- 〔 日高 〕山脈

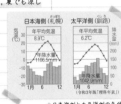
濃霧　季節風

(3)北海道の歩みと都市

◎歩み
- ◆古くから先住民族の **アイヌ** の人々が住む…独自の文化を確立させてきた。
- ◆明治時代…政府が開拓使という役所を置き，本格的な開拓を進めた→アイヌの人々は土地を奪われていった。
  - ・ **屯田** 兵…明治時代，全国各地から移住し，北海道の開拓と警備にあたった人々。ふだんは農業に従事。
- ◆現在はアイヌの人々の文化を尊重する動きがみられる。

> 北海道の地名には，アイヌ語に由来をもつものが多い。

- ◆北海道最大の都市 **札幌** 市…北海道開拓の中心。
- ◆明治時代につくられた計画都市。碁盤目状の整然とした街路が特徴。
- ◆一極集中…現在は北海道の地方中枢都市。多くの人が移り住み，人口は約200万人（2020年）。
- ◆新千歳空港…北海道の航空路線の拠点。

> 札幌市の人口は，北海道の人口の3分の1以上を占めている。

(4)人々の暮らし

◎寒さを防ぐ工夫
- ◆家のつくりの工夫…寒さを防ぐために窓や玄関を **二重** にし，壁に断熱材を入れている。
- ◆道路の工夫…凍結を防ぐために，道路の下に電熱線や温水パイプを入れたロードヒーティングなど。

> 米を貯蔵しておく雪室や，冷房システムに雪を利用するなど，利雪の取り組みも進んでいる。

◎さかんな観光業
- ◆雪や寒さをいかす…札幌市のさっぽろ雪まつりは全国から多くの観光客が訪れる。オホーツク海沿岸の流氷観光もさかん。
  →スキーをしに訪れる外国人観光客も増加。
- ◆雄大な自然が残り，国立公園も多い。
  →貴重な生態系がみられる **知床** は，世界自然遺産に登録されている。
- ◆ **エコツーリズム（エコツアー）** …自然環境や文化を守りながら，それを体験したり学んだりする観光の形。

★さっぽろ雪まつり

(1)農業

●北海道の農業の特色

◆大規模な農業…広い農地をいかし, 大型機械を利用した農業。
→農家1戸あたりの耕地面積が広い。

◆農業生産額は日本一…野菜や乳製品を東京などの大都市へさかんに出荷している。

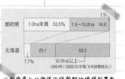

都道府県	1.0ha未満 53.5%	1.0～10.0ha 44.6
北海道	7.7% 29.1	63.3 1.9 10.0ha以上

〔2019年/2020/21年版「日本国勢図会」〕

☆都道府県と北海道の経営耕地規模別農家の割合（販売農家）

●稲作

◆ 石狩 平野や上川盆地が中心…夏に比較的高温になる。

◆石狩平野… 泥炭 地が多かった→植物が十分分解されずに積もった低湿地。土壌の養分が少ない。

・ 客土 で稲作に適した土地に改良…ほかの土地から性質の異なる土を選び入れ, 土地の性質を変えた。

・稲の品種改良…低温に強くておいしい品種をつくりだす。

●畑作

◆ 十勝 平野が中心…寒さや乾燥に強い作物を栽培。

◆主な作物…じゃがいも, てんさい, 小麦, 小豆など。
→北海道は生産量日本一の作物が多い。

◆ 輪 作を取り入れている…土地の栄養が落ちるのを防ぐため, 異なる作物を順番に栽培する。

◆畑作と酪農を組み合わせた混合農業も行われている。

てんさい（さとう大根, ビート）はさとうの原料になる。寒い地域で栽培される。

てんさい

●酪農

◆牧草を育てて乳牛を飼育し, 牛乳のほか, バターやチーズを生産する農業。

◆北海道の乳牛の飼育頭数は日本一…根釧台地や十勝平野で多い。

◆ 根釧 台地

・火山灰土が広がり, 夏も低温で, 作物の栽培に適していない。

・第二次世界大戦後, 原野を開拓し, 大規模な酪農地帯になった。

☆根釧台地の酪農地帯

北海道の農業地域

（　）に当てはまる農業を書きましょう。

石狩平野 【稲作】 上川盆地 稲作

根釧台地 【酪農】

十勝平野 【畑作】, 酪農

それぞれ, 気候や土地の特色に合った農業が行われている。

北海道は, 経営耕地面積の広い農家が多い。

(2)水産業

◆北海道の漁獲量は日本一… 釧路 港・根室港・紋別港などで水揚げ量が多い。
→さけやます, こんぶなどの漁が各地でさかん。

◆かつては 北洋 漁業がさかん…オホーツク海や北太平洋, ベーリング海などで行う漁業。

◆排他的経済水域の影響…1970年代以降, 各国が 200 海里水域内での他国の漁業を制限→その結果, 北洋漁業の漁獲量が大きく減少。

◆「育てる漁業」に力を入れている。
→内浦湾やオホーツク海沿岸で ほたて の養殖がさかん。さけの栽培漁業にも力を入れている。

北海道 22.7%	長崎 7.1
その他	442万t 静岡 6.0
青森 4.5	宮城 4.4

〔2018年〕 〔2021年版「県勢」〕

☆漁業生産量の割合

(3)工業

◆早くから地元の資源をいかした工業が発達。

・かつては石炭の産地…鉄鋼業が発達→その後, 安くて質のよい石炭の輸入などによって炭鉱は閉山。鉄鋼業も衰えた。

・豊富な森林資源…製紙・パルプ工業が発達。

◆近年は農畜産物や水産物を利用した 食料品 工業が中心。
→牛乳を原料にした乳製品, かんづめなどの水産加工品を生産。

漁港周辺には水産加工場が集まっている。

☆水産加工場

第1章 世界の姿　第2章 日本の姿
確認テスト①

20～21ページ

1 (1) イ　(2) 南緯40度, 西経120度

(3) ① B ② D ③ A

2 (1) ア　(2) 南アメリカ大陸　(3) D

3 (1) 緯度 イ 経度 エ

(2) ウ　(3) イ

4 (1) A 領空 B 排他的経済水域

(2) エ　(3) ① c ② b

解説 2(1)～(3) 中心からの距離と方位が正しい地図で, 中心から外側にいくほど距離が遠い。また, 中心から見て上が北, 右が東, 下が南, 左が西となる。

3(2) ロンドンは0度だから経度差は105度。105÷15＝7（時間）。 (3) 日本（東経135度）とニューヨーク（西経75度）の経度差は210度で, 時差は14時間。

第3章 人々の生活と環境
確認テスト②

28～29ページ

1 (1) A ウ B イ C ア

(2) オアシス

(3) A オ B ア C イ

(4) A イ B ウ C ア

(5) （例） 夏は乾燥し, 冬は雨が多い。

(6) （例） 移動しやすい, 組み立て式になっている。（19字）

(7) ① アルパカ ② エ

2 (1) A イ B ウ C ア　(2) イ, ウ

(3) ① ヒンドゥー教 ② （例） Xの国では, 牛は神聖なものだから。

解説 1(4) アは土からつくった日干しれんがの住居, イは雪を固めてつくったイグルー, ウは湿気を防ぐための高床の住居。

2(2) アはキリスト教, エは仏教の習慣。

確認テスト③

48〜49 ページ

1 (1) ① D ② A ③ B
  (2) X
  (3) ① C ② B ③ D

2 (1) イ　(2) 偏西風
  (3) ① ユーロ ② B　(4) Z

3 (1) ① D ② B ③ C ④ A
  (2) ア　(3) エ

4 (1) ウ　(2) アボリジニ

解説 **1**(2)　Xはペルシア湾周辺を示している。
  (3)　①は中国，②はインド，③はタイについて述べたもの。　**2**(1)　日本は，ヨーロッパ南部からアフリカ北部にかけての国々とほぼ同緯度にある。　(4)　地中海式農業について説明した文。　**3**(1)　①はブラジル，②はアメリカ合衆国，③はチリ，④はカナダについて述べたもの。

確認テスト④

70〜71 ページ

1 (1) エ　(2) 急

2 (1) ウ　(2) リアス海岸

3 (1) （例）大陸（日本海）から吹いてくる季節風が多くの雪や雨を降らせるから。
  (2) ② D ③ C

4 (1) ウ　(2) 少子高齢化

5 (1) ① 近郊農業 ② 促成栽培
  (2) ① ア　B　栽培　C　自動車
  ③ 太平洋ベルト

解説 **1**(1)　4(cm)×50000＝200000(cm)＝2000(m)。
  2(1)　ウは木曽山脈。　**3**(1)　①は日本海側の気候（Bの金沢）の雨温図。　(2)　②は太平洋側の気候（名古屋），③は内陸（中央高地）の気候（松本）の雨温図。　**4**(1)　アは 2019 年，イは 1960 年。　**5**(2)　①エのサウジアラビアは石油の最大の輸入相手国。

確認テスト⑤

88〜89 ページ

1 (1) 筑後川　(2) カルデラ
  (3) 屋久島
  (4) ① ア　② 2 イ 3 ア
  (5) ① B ② A
  ③ D ④ C

2 (1) 琵琶湖　(2) 紀伊山地
  (3) （例）夏の涼しい気候。　(4) a
  (5) ① 位置　D　名称　エ （完答）
  ② 位置　B　名称　イ （完答）
  (6) ① イ ② ウ
  (7) 愛知県　ウ　長野県　ア

解説 **1**(4)②　3の雨温図は地図中イの香川県高松市で，年中少雨のため，水不足に悩まされてきた。　**2**(7)　愛知県は豊田市を中心に自動車（輸送用機械）工業がとくにさかん。

確認テスト⑥

102〜103 ページ

1 (1) 関東ローム　(2) 近郊農業
  (3) 利根川　(4) （例）近県から通勤・通学してくる人が多いから。　(5) ウ
  (6) 石油化学コンビナート
  (7) 成田国際空港

2 (1) 奥羽山脈　(2) 三陸海岸
  (3) やませ　(4) ① ウ ② ア

3 (1) アイヌの人々（アイヌ民族）
  (2) オホーツク海
  (3) ① ア ② ウ ③ エ
  (4) ア

解説 **2**(4)　①は宮城県仙台市。②は青森県弘前市で，周辺には津軽平野が広がる。　**3**(4)　北海道の中で，日本海側の夏は比較的高温。夏に低温となることがあるのは太平洋側。